Editionen für den Literaturunterricht
Herausgegeben von Thomas Kopfermann

Gerhart Hauptmann

Die Ratten

Berliner Tragikomödie

mit Materialien,
ausgewählt von Wolfgang Pasche

Ernst Klett Verlag
Stuttgart · Leipzig

Die Fußnoten wurden vom Bearbeiter zur besseren Verständlichkeit des Textes eingesetzt.

1. Auflage 1 6 5 4 | 2012 2011 2010 2009 2008

Alle Drucke dieser Ausgabe sind untereinander unverändert und können im Unterricht nebeneinander benutzt werden. Die letzte Zahl bezeichnet das Jahr dieses Druckes.

Die Materialien folgen der reformierten Rechtschreibung. Ausnahmen bilden Texte, bei denen künstlerische, philologische oder lizenzrechtliche Gründe einer Änderung entgegenstehen.

Lizenzausgabe mit freundlicher Genehmigung der Ullstein Buchverlage GmbH, Berlin.

Der Text des vorliegenden Heftes folgt der Ausgabe: Gerhart Hauptmann: Sämtliche Werke. Centenar-Ausgabe zum hundertsten Geburtstag des Dichters, 1962, hrsg. von Hans-Egon Hass, Band II. Propyläen Verlag.

Die Rechtschreibung wurde an die neue amtliche Rechtschreibung angepasst, die Zeichensetzung dagegen ist beibehalten.

© 2004 by Ullstein Buchverlage GmbH, Berlin.
© 1960 by Verlag Ullstein GmbH, Frankfurt a.M./Berlin.
Erschienen im Propyläen Verlag.

Das Werk und seine Einzelteile sind urheberrechtlich geschützt. Jede Nutzung in anderen als den gesetzlich zugelassenen Fällen bedarf der vorherigen schriftlichen Einwilligung des Verlages. Hinweis zu § 52a UrhG: Weder das Werk noch seine Teile dürfen ohne eine solche Einwilligung eingescannt und in ein Netzwerk eingestellt werden. Dies gilt auch für Intranets von Schulen und sonstigen Bildungseinrichtungen.
Fotomechanische und andere Wiedergabeverfahren nur mit Genehmigung des Verlages.

© für die Materialien: Ernst Klett Verlag GmbH, Stuttgart 2007.
Alle Rechte vorbehalten.
Internetadresse: www.klett.de

Redaktion: Ursula Schwarz
Herstellung: Dea Hädicke
Satz: 2 women production, Brigitte Köhler, Leipzig
Umschlaggestaltung: Sandra Schneider nach Entwürfen von MetaDesign, Berlin
Umschlagfoto: Die Ratten, Berliner Tragikomödie von Gerhart Hauptmann, Theater Lübeck, Spielzeit 2006/07, Inszenierung: Axel Dietrich,
Foto: Lutz Roeßler 2006

Druck: Druckpartner Rübelmann, Hemsbach

Printed in Germany

ISBN 978-3-12-352433-2

Dramatis Personae

Harro Hassenreuter, *ehemaliger Theaterdirektor*
Seine Frau
Walburga, *seine Tochter*
Pastor Spitta
Erich Spitta, *Kandidat der Theologie, sein Sohn*
Alice Rütterbusch, *Schauspielerin*
Nathanael Jettel, *Hofschauspieler*

Käferstein
Dr. Kegel } *Schüler Hassenreuters*

John, *Maurerpolier*
Frau John
Bruno Mechelke, *ihr Bruder*
Pauline Piperkarcka, *Dienstmädchen*
Frau Sidonie Knobbe
Selma, *ihre Tochter*
Quaquaro, *Hausmeister*
Frau Kielbacke
Schutzmann Schierke
Zwei Säuglinge

Erster Akt

Im Dachgeschoss einer ehemaligen Kavalleriekaserne[1] zu Berlin. Ein fensterloses Zimmer, das sein Licht von einer brennenden Lampe erhält, die von der Mitte der Decke über einen runden Tisch herunterhängt. In die Hinterwand mündet ein gerader Gang, der den Raum mit der Entreetür verbindet, einer eisenbeschlagenen Tür mit einer primitiven Schelle, die der Eintritt Begehrende von außen durch einen Drahtzug in Bewegung setzt. Eine Tür in der Wand links schließt ein Nebengemach ab. An der Wand rechts führt eine Treppe auf den Dachboden.

Auf diesem Dachboden sowie in den sichtbaren Räumlichkeiten hat der Extheaterdirektor Harro Hassenreuter seinen Theaterfundus untergebracht.

Man kann bei dem ungewissen Licht im Zweifel sein, ob man sich in der Rüstkammer eines alten Schlosses, in einem Antiquitätenmagazin oder bei einem Maskenverleiher befindet.

Zu beiden Seiten des Ganges sind auf Ständern Helme und Brustharnische Pappenheim'scher Kürassiere[2] aufgestellt, ebenso in je einer Reihe an der rechten und linken Wand des vorderen Raumes. Die Dachbodentreppe steht zwischen zwei Geharnischten. Die Decke darüber schließt die übliche Bodenklappe ab. Ein Stehpult ist vorn links an die Wand gerückt. Tinte, Federn, alte Geschäftsbücher und ein Kontorbock[3] sowie einige Stühle mit hohen Lehnen um den runden Mittelstisch lassen erkennen, dass der Raum zu Bürozwecken dienen muss. Wasserflasche mit Gläsern auf dem Tisch und einige Fotografien über dem Stehpult. Die Fotografien zeigen Direktor Hassenreuter als Karl Moor[4] sowie in verschiedenen anderen Rollen. Einer der Pappenheim'schen Kürassiere trägt einen ungeheuren Lorbeerkranz um den Nacken gehängt mit einer Schleife, deren Enden in goldenen Lettern die Worte tragen: »Unserem genialen Direktor Hassenreuther! Die dankbaren Mitglieder.« Eine Serie mächtiger roter Schleifen trägt nur die Aufschriften: »Dem genialen Karl Moor« …»Dem unvergleichlichen, unvergesslichen Karl Moor« … usw. usw. Der Raum ist nach Möglichkeit zu Magazinzwecken ausgenutzt. Wo irgend angängig, hängen an Kleiderhaken deutsche, spanische und englische Kostümstücke aus verschiedenen Jahrhunderten. Man sieht schwedische Rei-

---

1 Unterkunft einer berittenen Truppe. Reales Vorbild für den Handlungsort ist die Kaserne in der Nähe des Alexanderplatzes in Berlin.
2 Personal aus Schillers Drama »Wallensteins Tod«.
3 Hölzernes Schränkchen, in dem Akten aufbewahrt werden.
4 Protagonist aus Schillers Drama »Die Räuber«.

terstiefel, spanische Degen und deutsche Flamberge[5]. *Die Tür links hat die Aufschrift: Bibliothek. Das ganze Gemach zeigt eine malerische Unordnung. Alte Scharteken*[6] *und Waffen, Pokale, Becher usw. liegen umher.*
Es ist eines Sonntags, Ende Mai.
Frau John, über Mitte der Dreißig hinaus, und das blutjunge Dienstmädchen Piperkarcka sitzen am Mitteltisch. Die John, den Oberkörper weit über den Tisch gelehnt, redet lebhaft auf das Dienstmädchen ein. Die Piperkarcka, dienstmädchenhaft aufgedonnert, mit Jackett, Hut und Schirm, sitzt aufrecht. Ihr hübsches rundes Lärvchen ist verweint. Ihre Gestalt zeigt Spuren noch nicht vollendeter Mutterschaft. Sie malt mit der Schirmspitze auf der Diele.

Frau John Na ja doch! Freilich! Ich sag't ja, Pauline.

Die Piperkarcka Nu ja. Ick will nu also Schlachtensee oder Halensee[7]. Muss jehn un muss nachsehn, ob ich ihm treffe! *Sie trocknet die Tränen und will sich erheben.*

Frau John *verhindert die Piperkarcka am Aufstehen.* Pauline! Um Jottes willen, bloß det nich! Det nich, um keenen Preis von de Welt. Det macht Skandal, kost Jeld und bringt nischt. Wat woll'n Se woll, und wo Se noch in den Zustande sind, dem schlechten Halunken noch weiter nachloofen!?

Die Piperkarcka Denn soll meine Wirtin heute soll warten umsonst verjeblich auf mir. Ick spring im Landwehrkanal und versaufe.

Frau John Pauline! Warum denn? warum denn, Pauline? Jeben Se Obacht, heeren Se jetzt bloß um Jottes willen 'n janz 'n eenziges ... bloß ma 'n janzen kleenen Oojenblick uff mir, und passen Se dadruff uff, wat ich Ihn vorstelle! Det wissen Se doch, ick hab et Ihn doch bei de Normaluhr, wo ick an Alexanderplatz aus den Marchthalle bin jekomm, jleich anjesehn und hab et Ihn uff'n Kopp druff jesacht. Wat hab ick jesacht? Jeld, hab ick Ihn uff'n Kopp druff jefragt. Jeld, kleenet Aas, er will nischt von wissen! Det jeht hier vielen, det jeht hier allen, det jeht hier vielen Millionen Mächens so! Und denn hab ick jesacht ... wat hab ick jesacht? Komm, hab ick jesacht, ich will dir helfen.

Die Piperkarcka Zu Hause darf ick mir nu janz natürlich nich blicken lassen, wie ick verändert bin. Mutter schreit doch auf'n

---

5 Schwerter mit flammenförmiger Klinge.
6 Alte, wertlose Bücher.
7 Vororte im Südwesten bzw. Westen Berlins.

ersten Blick! Vater haut mir Kopf an die Wand und schmeißt
mir Straße. Jeld hab ick nu ebenfalls ooch weiter nu weiter keens
nich, als wie Stücker zwei Joldstücke, was ick mich Jackettfutter
einjenäht. Hätte mich schlechter Mensch nich Mark nich Pfennig übriggelassen.

Frau John Freilein, mein Mann ist Maurerpolier[8]. Freilein, wenn
Se bloß wollten Obacht jebn ... jebn Se doch um Jottes willen
Obacht, wat ick for Vorschläge unterbreiten tu. Freilein, denn
is doch uns beede jeholfen. Ihn is jeholfen und so desselbijen-
jleichen ooch mir. Außerdem is Pauln, wat mein Mann is, jeholfen, wo sterbensjerne een Kindeken will, weil det uns doch
unser eenziget, unser Adelbertchen, an de Bräune[9] jestorben is.
Ihr Kind hat et jut wie'n eejnet Kind. Denn kenn Se jehn Ihrem
Schatz wieder uffsuchen, kenn wieder in'n Dienst, kenn wieder
bei Ihre Eltern jehn, det Kind hat et jut, und keen Mensch uff die
janze Welt nich braucht wat von wissen.

Die Piperkarcka I jrade! Ick stürze mir Landwehrkanal! – *Sie steht
auf.* – Ick schreibe Zettel, ick lasse Zettel in mein Jackett zurück: Du hast mit deine verfluchte Schlechtigkeit deine Pauline
im Wasser jetrieben! Dann setze vollen Namen Alois Theophil
Brunner, Instrumentenmacher, zu. Denn soll er sehn, wie er mit
sein Mord auf Jewissen man meinswegen fertig wird.

Frau John Warten Se, Freilein, ick muss erst uffschließen! *Frau John
stellt sich, als wolle sie die Piperkarcka hinausbegleiten.*

*Noch bevor beide Frauen den Gang erreichen, tritt Bruno Mechelke langsam
forschend aus der Tür links und bleibt stehen. Bruno Mechelke ist eher klein
als groß, hat einen kurzen Stiernacken und athletische Schultern. Niedrige,
weichende Stirn, bürstenförmiges Haar, kleiner runder Schädel, brutales Gesicht mit eingerissenem und vernarbtem linkem Nasenflügel. Die Haltung
des etwa neunzehnjährigen Menschen ist vornübergebeugt. Große plumpe
Hände hängen an langen, muskulösen Armen. Die Pupillen seiner Augen
sind schwarz, klein und stechend. Er bastelt an einer Mausefalle herum.*

Bruno *pfeift seiner Schwester wie einem Hunde.*

Frau John Ick komme jleich, Bruno. Wat wiste denn?

Bruno *scheinbar in die Falle vertieft.* Ick denke, ich soll hier Fallen
uffstellen.

---

8 Vorarbeiter auf einer Baustelle.
9 Volkstümliche Bezeichnung für Diphterie und Angina pectoris.

Frau John Haste dem Speck denn rinjemacht? – *Zur Piperkarcka.* 't is bloß mein Bruder. Erschrecken sich nicht, Freilein!
Bruno *wie vorher.* Ick ha heute Kaisa Willem[10] jesehn, Jette. Ick war mit de Wachparade jejang.
Frau John *zur Piperkarcka, die durch Brunos Erscheinung angstvoll gebannt ist.* Et is bloß mein Bruder, bleiben Se man! – *Zu Bruno.* Junge, wie siehst du bloß wieder aus? Det Freilein muss sich ja von dich Angst kriejen.
Bruno *wie vorher. Ohne aufzublicken.* Schuberle buberle, ich bin 'n Jespenst.
Frau John Mach uff'n Boden und stell deine Mausefallen!
Bruno *wie vorher. Tritt langsam an den Tisch.* Jawoll, det is ooch man wieder so'n Jeschäft zum Vahungern. Wenn ick mit Streichhölzer handeln du, denn ha ick wahrhaftig mehr Pinke[11] von.
Die Piperkarcka Atje, Frau John.
Frau John *wütend auf den Bruder los.* Wiste woll jehn und wist mir in Frieden lassen!
Bruno *geduckt.* Hab dir man nich. Ick jeh ja schonn.
Er zieht sich folgsam wieder in das anstoßende Zimmer zurück, dessen Tür Frau John resolut hinter ihm schließt.
Die Piperkarcka Den mecht ick Tierjarten Jrunewald nicht bejejnen. Bei Nacht nich und nich ma bei Dage nich.
Frau John Jnade Jott, wo ick Brunon hetze und der ma hinter een hinter is!
Die Piperkarcka Atje. Hier jefällt mir nich. Wenn mich wieder sprechen wollen, lieber Bank bei Wasserkunst Kreuzberg[12], Frau John.
Frau John Pauline, ick ha Brunon mit Sorje un Kummer Tag un Nacht jroßjebracht. Ihr Kindeken hat et noch zwanzig Mal besser. Also Pauline, wenn et jeboren is, nehm ick det Kind, un bei meine in Jott vastorbene Eltern, wo ick an Totensonntag immer noch und keen Mensch mich zurückhält nach Rüdersdorf jeh und Lichter uff beede Jräber anstecke: Det kleene Wurm soll et madich jut habn, wie et besser keen jeborener Prinz und keene jeborene Prinzessin haben tut.

---

10 Wilhelm I., Deutscher Kaiser (1871–1888), König von Preußen (1861–1888).
11 Umgangssprachlich für Geld.
12 Gemeint ist vermutlich ein künstlicher Wasserfall im Viktoriapark Kreuz-

Die Piperkarcka Ick jeh, mit meine letzten Pfennig kaufen mir Vitriol[13] – trefft, wen trefft! – und jießen dem Weibsbild, wo mit ihm jeht – trefft, wen trefft! – mitten in Jesicht! Trefft, wen trefft! Brennt ihm janze verfluchte hübsche Visage kaputt! Mir jleich! Brennt ihm Bart kaputt! Brennt ihm Augen kaputt, wenn er mit andres Frauenzimmer jeht. Trefft, wen trefft! Hat mir betrogen, zujrunde jerichtet, hat mir Jeld jeraubt, hat mich Ehre jeraubt! hat mich verfluchtiger Hund verführt, verlassen, belogen, betrogen, in Elend jestoßen! Trefft, wen trefft! Soll blind sein! Nase soll wegjefressen sein! Soll jar nich mehr überhaupt auf Erde sein!

Frau John Freilein Pauline, bei meine ewige Seligkeit, von Stund an, wo det kleene Wurm erst mal uff de Welt is – von den Augenblick an – det soll et haben, als wenn et, ick weeß nich wo – in Samt und Seide jeboren wär. Bloß jutes Zutrauen und, det Se ja sachen! – Ick habe mir allens ausjedacht. Et jeht zu machen, Pauline, et jeht, et jeht, sach ick Ihn! Und weder 'n Doktor noch Polizei noch Ihre Wirtin merkt wat von. – Und denn kriejen Se erst ma hundertunddreiundzwanzig Mark, wat ick mir von det Reinmachen hier beim Direktor Hassenreuter abjespart habe, ausjezahlt.

Die Piperkarcka Denn lieber bei die Jeburt erwürgen! Verkaufen nich!

Frau John Wer redet denn von verkoofen, Pauline!

Die Piperkarcka Wat hab ick Oktober vorijen Jahr bis heutjen Tag vor Himmelsangst ausjestanden. Bräutijam steßt mir fort! Mietsfrau steßt mir fort. Schlafbodenstelle[14] is mir jekindigt. Wat du ick denn, dass man mir so verachtet und von die Leute verflucht un ausstoßen muss?

Frau John Det sach ick ja, det kommt, weil der Deibel unsern Herrn Christus Heiland noch immer ieber is.

Ohne bemerkt zu werden, ist Bruno, bastelnd wie vorher, geräuschlos wiederum in die Tür getreten.

Bruno *sagt in eigentümlicher Weise, scharf, aber wie nebenbei.* Lampen![15]

---

13 Hochgiftige Säure.
14 Schlafstelle, wie sie in Arbeiter- und Kleinbürgerwohnungen vermietet wurden. Häufig erhielten die »Schlafburschen« oder »Schlafmädchen« nur das Recht, sich nachts dort aufzuhalten.
15 In der Gaunersprache ein Warnruf.

Die Piperkarcka Der Mensch erschrickt mir. Lassen mir fort!
Frau John *geht heftig auf Bruno los.* Willst du woll jehn, wo de hinjeheerst! Ick ha dir jesacht, ick wer dir rufen.
Bruno *wie vorher.* Na Jette, ick ha doch bloß Lampen jesacht.
Frau John Biste verrickt? Wat heeßt denn det: Lampen?
Bruno Na, klinkt et denn nich an de Einjangstir?
Frau John *erschrickt, horcht, hält die Piperkarcka zurück, die im Begriff ist, davonzugehen.* Pst, Freilein! Halt! Warten Se man noch 'n Oojenblick!
Bruno *schnitzelt weiter. Die beiden Frauen horchen.*
Frau John *leise, angstvoll, zu Bruno.* Ick heer nischt.
Bruno Du ollet vatrockentes Kichenspinde[16], denn schaff da man bessare Lauscha an!
Frau John Det wär in det janze Vierteljahr det erstema, det der Direkter kommt, wenn Sonntag is.
Bruno Wenn der Theaterfritze kommt, kann a mir meinswejen jleich angaschieren.
Frau John *heftig.* Quatsch nich!
Bruno *grinsend zur Piperkarcka.* Jlobens et, Freilein, ick ha bei Zirkus Schuhmann[17] 'n dummen Aujust sein Esel dreimal rum die Manesche jebracht. Det mach ick allens! Ick wer mir woll furchten.
Die Piperkarcka *scheint die fantastische Sonderbarkeit der Umgebung erst jetzt zu bemerken, erschrocken, stark beunruhigt.* Josef Maria, wo bin ick denn?
Frau John Wer kann denn det sind?
Bruno Da Direkta nich, Jette. Det is eha 'ne Tülle[18], wo elejante Trittlinge[19] hat.
Frau John Freilein, jehn Se man zwee Minuten, sein so jut, hier uff'n Oberboden! 's kommt eener, kann sind, der bloß wat wissen will.

In ihrer zunehmenden Angst tut die Piperkarcka das Verlangte. Sie klettert über die Treppe auf den Oberboden, dessen Klappe geöffnet ist. Frau John hat sich so gestellt, dass im Notfalle die Piperkarcka gegen die Entreetür

---

16 Küchenschrank.
17 Großzirkus in einer Markthalle am Schiffbauerdamm.
18 Gaunersprache: Prostituierte.
19 Gaunersprache: Schuhe/Stiefel.

gedeckt ist. Die Piperkarcka verschwindet. Frau John und Bruno bleiben allein.

Bruno Wat wiste denn mit die barmherzige Schwester[20]?

Frau John Det jeht dir nischt an, verstehste mich.

Bruno Ick frage ja man, weil det de vor det Mächen so ängstlich 'ne Wand machen dust.[21] Sonst is et mich doch wahaftig Pomade[22].

Frau John Det soll dir ooch immer Pomade sind.

Bruno Danke Komma, denn kann ick woll abtippeln.

Frau John Lump, weeßt du woll, wat du mir schuldig bist?

Bruno, *pomadig.* Wat regste dir denn uff? Wo stoß ick dir denn? Wat wiste? Ick muss jetzt zu meiner Braut. Mir schläfert. Vorichte Nacht hab ick unter Sträucher in Tierjarten plattjemacht[23]. Und juterletzt is Kohlmarcht[24] bei mich. – *Er kehrt seine Hosentaschen um.* – Foljedessen muss ick jehn 'n Stück Brot verdienen.

Frau John Hier jeblieben und nich von de Stelle! oder du krist, und wenn det de jaulst wie 'n kleener Hund, kriste nimmermehr, wenn't bloß 'n Pfennig is, krist de von mich! Buno, du jehst uf schlechte Weeje.

Bruno Ick wer woll immer jejen de janze Welt – noch wat! – wer ick der Potsdammer[25] sind. Soll ick etwa nich jehn, wo ick scheen bei Hulda'n zu leben krieje? – *Er zieht eine schmutzige Brieftasche.* – Nich ma 'n dreckigen Pfandschein ha ick mehr in de Plattmullje[26] drin. Wat wiste von mich, un denn lass mir abschrenken.

Frau John Von dir? Wat ick will? For wat wärst du woll nitze? Du bist zu nischt weiter nitze, als det eene Schwester, wo nich richtig im Koppe is, mit so'n Lump und Tagedieb Mitleid hat.

Bruno Kann sind, det de in Koppe manchmal nich richtig bist.

Frau John Unser Vater hat oft zu mich jesacht, wo du schonn mit fünf, sechs Jahre alt schlechte Dinge jetrieben hast, det mit dir in Leben keen Staat weiter nich zu machen is un det ick dir sollte

---

20 Gaunersprache: Freudenmädchen.
21 Gaunersprache: den Taschendieb abschirmen.
22 Berlinerisch: gleichgültig, egal sein.
23 Gaunersprache: im Freien schlafen.
24 Gaunersprache: pleite sein.
25 Berlinerisch: der Dumme sein.
26 Gaunersprache: Geldbeutel, Brieftasche.

loofen lassen. Un mein Mann, wo richtig un orndlich is ... vor
so'n juten Mann darfst du dir nich blicken lassen.
Bruno Jewiss doch, det weeß ick ja allens, Jette! Aber so eenfach,
schiebt sich det nu eemal nu eben nich. Wat wiste? Ick weeß,
ick bin mit 'n Ast uff'n Puckel[27], wenn det'n ooch det'n keener
sieht, un nich in Zangzuzih[28] uff de Welt jekomm. Ick muss sehn
un mir mit mein Ast mangmang helfen. Na jut so! wat wiste?
Von wejen de Ratten brauchst du mir nich. Du wist bloß wat mit
die Dohle[29] vertussen[30].
Frau John *die Faust drohend unter Brunos Nase.* Verrat du een eenziget
kleenet Sterbenswort, denn mach ick dir kalt. Denn bist du 'ne
Leiche!
Bruno Na weeßte, vastehste, ich mache mir dinne. – *Er steigt die
Treppe hinauf.* – Womeeglich komm ick, mir nischt dir nischt,
noch ma in Schokoladenkasten[31] rin. – *Er verschwindet durch die
Bodenklappe. Frau John löscht eilig die Lampe und tappt sich zur Bibliothekstür. Sie geht in die Bibliothek, schließt aber die Tür hinter sich nicht
ganz.*

*Die Geräusche eines verrosteten Schlosses und Schlüssels, der darin umgedreht wurde, sind vernehmlich gewesen. Ein leichter Schritt kommt nun
den Gang herauf. Vorübergehend war der Berliner Straßenlärm, auch Kindergeschrei aus den Hausfluren, vernehmlich geworden. Leierkastenmusik
vom Hof herauf.*

*Mit scheuen Bewegungen erscheint Walburga Hassenreuter. Das Mädchen
ist noch nicht sechzehn Jahre alt und sieht hübsch und unschuldig aus.
Sonnenschirm, fußfreies helles Sommerkleidchen.*

Walburga *stutzt, horcht, sagt dann ängstlich.* Papa! Ist schon jemand
hier oben? Papa! Papa! *Sie horcht lange gespannt und sagt dann:* Es
riecht ja hier so nach Petroleum! – *Sie findet Streichhölzer, entzündet
eines davon, will die Lampe anstecken und verbrennt sich an dem noch
heißen Zylinder.* – Au! Donnerwetter, wer ist denn hier? – *Sie hat
aufgeschrien und will fortlaufen. Frau John erscheint wieder.*
Frau John I, Freilein Walburga, wer wird denn jleich Lärm machen!
Sein Se man friedlich! Det bin ja bloß ick.

---
27 Berlinerisch: vorbelastet.
28 Schloss Sanssoucis in Potsdam.
29 Gaunersprache: Prostituierte.
30 Gaunersprache: vom Taschendieb ablenken.
31 Gaunersprache: Gefängnis.

Walburga Gott, hab ich aber einen ganz entsetzlichen Schreck bekommen, Frau John.

Frau John Weshalb denn, Freilein? Wat suchen Se denn heit an Sonntag hier?

Walburga *Hand auf dem Herzen.* Mir steht noch immer das Herz ganz still, Frau John.

Frau John Wat hat's denn, Freilein Walburga? Wer ängstigt Se denn? Sie missen det doch von Ihren Herrn Vater wissen, det ick Sonntag und Wochentag hier oben mang die Kisten und Kasten zu tun habe, mit Staub abbürsten und Motten ausklopppen. In drei, vier Wochen, wenn ick jlicklich mit die zwölf- oder achtzehnhundert Theaterlumpen eemal rum bin und fertig bin, fängt et doch immer wieder von Frischen an.

Walburga Ich hab' mich erschrocken, weil sich der Lampenzylinder noch ganz heiß anfasste, Frau John.

Frau John Nu ja, die Lampe hat ebent jebrannt, un ick hab se vor eene halbe Minute ausjepustet. – *Sie hebt den Zylinder ab.* – Mir brennt et nich! Ick hab harte Hände! – *Sie zündet den Docht an.* – Na, nu wird Licht! Nu hab ick se wieder anjestochen. Wat is nu jefährliches los? Ick sehe nischt.

Walburga Hu, Sie sehen ja aus wie ein Geist, Frau John.

Frau John Wie soll ick aussehn?

Walburga Das ist, wenn man so aus der prallen Sonne ins Finstere kommt ... in diese muffigen Kammern hinein, da ist man wie von Gespenstern umgeben.

Frau John Na, kleenet Jespenst, weshalb kommen Se denn? – Sind Se alleene, oder is noch jemand? Kommt am Ende Papa noch nach?

Walburga Nein! Papa ist heute zu einer wichtigen Audienz nach Potsdam hinaus.

Frau John Und wat suchen denn also Sie nu woll hier?

Walburga Ich? Ich bin einfach spazieren gewesen.

Frau John Na, denn sehn Se man wieder, det Se fortkomm! In Papa'n seine Rumpelkammer scheint keene Pfingstsonne nich.

Walburga Sie sollten auch, so grau wie Sie aussehen, mal lieber raus an die Sonne gehn.

Frau John I, Sonne is bloß for feine Leute! Wenn ick man alle Dache meine paar Pfund Staub und Dreck uff de Lunge krieje – jeh man, Kindken, ick muss an de Arbeet! – mehr brauch ick nich: Ick lebe von Müllstoob und Mottenpulver. – *Sie hustet.*

Walburga ängstlich. Sie brauchen Papa nicht sagen, dass ich hier oben gewesen bin.

Frau John Ick? Ick hab woll sonst nischt Besseret zu tun.

Walburga *scheinbar leichthin.* Und sollte Herr Spitta nach mir fragen ...

Frau John Wer?

Walburga Der junge Herr, der bei uns im Hause Privatstunde gibt ...

Frau John Na, und?

Walburga Sind Sie so freundlich, und sagen Sie ihm, dass ich hier gewesen, aber gleich wieder gegangen bin.

Frau John Also Herrn Spitta soll ick et sagen, Papa'n nich?

Walburga *unwillkürlich.* Um Gottes willen nicht, liebste Frau John!

Frau John Na wacht du, wacht! Jib du bloß man Obacht! Manch eene hat ausjesehn wie du und is aus die Jejend jekomm wie du, wo nachher in de Drajonerstraße[32] in Rinnsteen oder jar in de Barnimstraße[33] hinter schwedsche Jardinen zujrunde jejangen is.

Walburga Sie werden doch damit nicht sagen wollen, Frau John, oder glauben wollen, dass in meiner Beziehung zu Herrn Spitta etwas Unerlaubtes oder Ungehöriges ist?

Frau John *in höchstem Schreck.* Mund zu! – Et hat jemand dem Schlüssel im Schloss jestochen.

Walburga Auslöschen!

Frau John *bläst schnell die Lampe aus.*

Walburga Papa!

Frau John Freilein, ruff uff'n Oberboden!

Sie und Walburga verschwinden über die Treppe durch den Bodenverschlag, der verschlossen wird.

Zwei Herren, der Direktor Harro Hassenreuter und der Hofschauspieler Nathanael Jettel, erscheinen durch die Flurtür im Gange. Der Direktor ist mittelgroß, glattrasiert, fünfzig Jahre alt. Er pflegt große Schritte zu nehmen und bekundet ein lebhaftes Temperament. Sein Gesichtsschnitt ist

---

[32] Verrufenes Viertel in Berlin.
[33] Gemeint ist das Frauengefängnis in der Barnimstraße.

edel, das Auge von kühnem Ausdruck. Sein Betragen ist laut. Sein Wesen überhaupt durchaus feurig. Er trägt einen hellen Sommerüberzieher, den Zylinder nach hinten gerückt, und übrigens Frackanzug und Lackschuhe. Der leger geöffnete Paletot[34] enthüllt eine mit Ordenssternen überdeckte Brust. – Hofschauspieler Jettel trägt unter dem leichtesten Sommerüberzieher einen weißen Flanellanzug. Er hat einen Strohhut nebst elegantem Stock in der linken Hand, gelbe Schuhe an den Füßen. Er ist ebenfalls glattrasiert und über die Fünfzig alt.

Direktor Hassenreuter *ruft.* John! Frau John! Ja, das sind nun hier meine Katakomben, lieber Jettel! Sic transit gloria mundi![35] Hier hab' ich nun alles, mutatis mutandis[36], untergebracht, was von meiner ganzen Theaterherrlichkeit übriggeblieben ist: alte Scharteken, alte Lappen und Lumpen! – John! John! Sie ist hier gewesen, denn der Lampenzylinder ist heiß! – *Er zündet mit einem Streichholz die Lampe an.* – Fiat lux, pereat mundus![37] So! Jetzt können Sie mein Motten-, Ratten- und Flohparadies bei Lichte besehen.

Nathanael Jettel Haben Sie also meine Karte bekommen, bester Direktor?

Direktor Hassenreuter Frau John! Ich werde mal sehn, ob sie auf dem Boden ist. – *Er steigt sehr gewandt die Treppe hinauf und rüttelt an der Bodenklappe.* – Verschlossen! Den Schlüssel hat die Canaille natürlich wieder am Schürzenband. – *Er pocht wütend mit der Faust gegen die Klappe.* – John! John!

Nathanael Jettel *etwas ungeduldig.* Direktor, geht es nicht ohne die John?

Direktor Hassenreuter Was? Glauben Sie, dass ich Ihnen den miserablen Lappen, den Sie gerade da für ihr Gastspiel brauchen, aus meinen dreihundert Kisten und Kasten ohne die John, im Frack und mit sämtlichen Orden, so wie ich vom Prinzen komme, selber heraussuchen kann?

---

34 Zweireihiger Herrenmantel mit Samtkragen.
35 Lateinisch: So vergeht der Glanz der Welt.
36 Lateinisch: Nach den nötigen Veränderungen.
37 Lateinisch: Es werde Licht, und wenn die Welt zugrunde geht. Hassenreuter zieht zwei Zitate zusammen: »Fiat lux« aus dem Alten Testament (1. Mose 1,3) und »Fiat justitia et pereat mundus« (= Gerechtigkeit soll herrschen, auch wenn die Welt zugrunde geht). Das soll der Wahlspruch Kaiser Ferdinands I. (1556–1564) gewesen sein.

Nathanael Jettel Erlauben Sie mal! In Lappen absolviere ich meine Gastreisen nicht.

Direktor Hassenreuter Mensch, spielen Sie doch in Unterhosen! Meinethalben! Mich stört das nicht! Nur vergessen Sie nicht, wer vor Ihnen steht! Deshalb, wenn der Hofschauspieler Jettel – na wenn schon! – gnädigst zu pfeifen geruhen, springt der Direktor Hassenreuter noch lange nicht. Sapristi[38]! Wenn irgendein Komödiant einen schäbigen Turban oder zwei alte Transtiefel braucht, muss sich ein pater familias, ein Familienvater, den einzigen Sonntagnachmittag unter den Seinen abknapsen? Soll womöglich wie 'n Tackel auf allen vieren in alle Bodenwinkel hinein? Nein, Freundchen, da müsst ihr euch andere suchen.

Nathanael Jettel *sehr ruhig.* Könnten Sie mir nicht sagen, Direktor, wer Ihnen in Gottes Namen auf die Krawatte getreten hat?

Direktor Hassenreuter Mein Junge, ich habe noch vor kaum einer Stunde die Beine unterm Tisch eines Prinzen gehabt: Post hoc, ergo propter hoc![39] Ich setze mich Ihretwegen in einen verfluchten Omnibus und kutsche in diese verfluchte Gegend ... wenn Sie meine Gefälligkeit nicht zu würdigen wissen: scheren Sie sich!

Nathanael Jettel Sie haben mich auf vier Uhr hierher bestellt. Sie haben mich eine volle geschlagene Stunde in dieser entsetzlichen Mietskaserne, auf diesem lieblichen Korridore unter dem Kinderpöbel warten lassen ... Ich habe gewartet, Ihnen nicht den geringsten Vorwurf gemacht! Und jetzt sind Sie geschmackvoll genug, mich als eine Art Spucknapf zu betrachten.

Direktor Hassenreuter Mein Junge ...

Nathanael Jettel In's Teufels Namen, der bin ich nicht! Eher mache ich Sie zu meinem Hanswurst und lasse Sie für sechs Groschen Purzelbaum schießen!
Er nimmt entrüstet Hut und Stock und geht.

Direktor Hassenreuter *stutzt, bricht dann in ein tolles Gelächter aus und schreit hinter Jettel her.* Machen Sie sich nicht lächerlich! – Und übrigens bin ich kein Maskenverleiher! – *Man hört die Flurtür ins Schloss knallen. Direktor Hassenreuter zieht die Uhr.* Rindvieh ver-

---

38 Italienisch: Veraltet: Ausruf der Überraschung.
39 Lateinisch: Nach dem, also dessentwegen (gemeint ist: nach der ehrenden Audienz).

dammtes! Schafskopf verfluchter! Ein Segen, dass das Rindvieh, verdammte, gegangen ist!

Er steckt die Uhr ein, zieht sie gleich darauf wiederum und lauscht. Hierauf geht er unruhig hin und her, bleibt stehen, blickt in den Zylinderhut, dessen Inneres einen Spiegel enthält, und kämmt sich sorgfältig. Er tritt an den Mitteltisch und öffnet einige von den Briefschaften, die dort gehäuft liegen. Dazu singt er trällernd:

> O Straßburg, o Straßburg,
> du wunderschöne Stadt.

Abermals sieht er nach der Uhr. Plötzlich geht die Türschelle über seinem Kopf. – Auf die Minute! Was doch die Dinger, wenn es drauf ankommt, pünktlich sind! – *Er eilt und öffnet die Flurtür, jemand laut und fröhlich begrüßend. Die Trompetentöne seiner Stimme werden bald von glöckchenartigem Lachen einer weiblichen akkompagniert. Sehr bald erscheint der Direktor wieder, von einer eleganten, jungen Dame begleitet, Alice Rütterbusch.* – Alice! Kleine Alice! Komm erst mal näher, kleine Alice! Komm mal ans Licht! Ich muss doch sehen, ob du noch dieselbe kleine, schockcharmante, tolle Alice aus den besten Tagen meiner reichsländischen Direktionsperiode[40] bist!? Mädel, ich hab' dich ja gehen gelehrt! ich hab' deine ersten Schritte gegängelt – das Sprechen! Du sagtest ja immer Cheef statt Chef! Ha ha ha! Hoffentlich hast du das nicht vergessen.

Alice Rütterbusch Schaun's, Direktor, Sie glauben doch net, dass i undankbar bin?

Direktor Hassenreuter *nimmt ihr den Schleier ab.* Mädel, du bist ja noch jünger geworden!

Alice Rütterbusch *hochrot, beglückt.* Da müsst' einer auch gehörig daher lügen, wenn einer behaupten wollt', dass du dich zum Nachteil verändert hast. Aber weißt, arg finster hat's bei dir oben und a bissel – Harro, wenn's d' mechst a Fenster aufmachen! – so a bissel a schwere Luft.

Direktor Hassenreuter
> Pillicock saß auf Pillicocks Berg!
> – – – – – – – – – – – – – – –
> Doch Mäus' und Ratten und solch Getier
> aß Thoms sieben Jahr lang für und für.[41]

---

40 Gemeint ist die Zeit Hassenreuters als Theaterdirektor in Straßburg.
41 Zitate aus Shakespeares »King Lear«.

Im Ernst, ich hab' finstere und schwere Zeiten durchgemacht! Du wirst ja schließlich, trotzdem ich dir lieber nichts geschrieben habe, liebe Alice, davon unterrichtet sein.

Alice Rütterbusch Das war aber net grad, weißt, sehr freindschaftlich, dass d' mir auf alle die sauberen und langen Brief kein Wörtel geantwortet hast.

Direktor Hassenreuter Wozu, ha ha ha, einem kleinen Mädchen antworten, wenn man genug mit sich selber zu tun hat und in keiner Beziehung was nützen kann? Sessa! Ex nihilo nihil fit! Das heißt auf Deutsch: Aus nichts kann nichts werden! Motten und Staub! Staub und Motten! Ha ha ha! Das ist alles, was ich von meiner deutschen Kulturarbeit an der westlichen Grenze geerntet habe.

Alice Rütterbusch Du hast also den Fundus net an den Direktor Kurz abgetreten?

Direktor Hassenreuter »O Straßburg, o Straßburg, du wunderschöne Stadt.« Nein, meine Kleine, ich habe den Fundus nicht in Straßburg gelassen! Dieser ehemalige Kellner, Kneipenwirt und Pächter von anrüchigen Tanzlokalen, der mein Nachfolger wurde – dieser Kretin, diese bête imbécile –, wollte den Fundus nicht! – Sessa, den Fundus hab' ich nicht dort gelassen: dafür aber vierzigtausend Mark sauerverdientes Geld, von Gastspielreisen aus meiner Mimenzeit! Außerdem fünfzigtausend Mark zugebrachtes Vermögen meiner braven Frau. Sessa! – Übrigens, dass ich den Fundus behielt, war ein Glück für mich. – Da! Ha ha ha! Diese Kerle hier – *er berührt einige der Geharnischten* – du kennst sie doch?

Alice Rütterbusch I kenn' doch meine Pappenheimer.

Direktor Hassenreuter Nun also: Diese Pappenheimer Kerle hier, und was drum und dran baumelt, haben den alten Lumpensammler und Maskenverleiher Harro Eberhard Hassenreuter nach seiner Hedschra[42] tatsächlich über Wasser gehalten! – Aber reden wir lieber von heiteren Dingen: Ich habe mit Vergnügen aus der Zeitung ersehen, dass du von Exzellenz für Berlin engagiert werden wirst.

Alice Rütterbusch I mach' mir nix draus! I möcht' lieber bei dir spielen, und das musst mir versprechen, wann's du wieder eine

---

42 Übersiedlung Mohammeds von Mekka nach Medina im Jahr 622.

Direktion übernehmen tust ... das versprichst mir, dass i augenblickli kontraktbrüchig werden kann! – *Der Direktor bricht in Lachen aus.* – I hab' mi drei Jahre lang gnua auf die Provinzschmieren rumgeärgert. Berlin mag i net! Und a Hoftheater schon lange net. Jessas die Leit! das Komödiespielen! – Weißt, i g'hör' zum Fundus, i hab' immer bloß daher g'hört!
Sie nimmt unter den Pappenheimern Aufstellung.
Direktor Hassenreuter Ha ha ha ha! Also komm, du getreuer Pappenheimer.
Er öffnet die Arme weit, sie fliegt hinein, und beide begrüßen einander mit einigen lange anhaltenden Küssen.
Alice Rütterbusch Geh, Harro, jetzt sagst mir: Was macht deine Frau?
Direktor Hassenreuter Therese geht's gut, außer dass sie trotz Kummer und Sorgen von Tag zu Tag dicker wird. – Mädel, Mädel, wie du duftest! – *Er drückt sie an sich.* – Weißt du auch, dass du teufelsmäßig gefährlich bist?
Alice Rütterbusch Meinst, dass i blöd bin? Freili bin i gefährlich.
Direktor Hassenreuter Sakra!
Alice Rütterbusch Meinst, i sollt' mir in der schönen Gegend, drei Stiegen hoch, unter an muffigen Dach, mit dir a Rendezvous geben, wann ich net wisst, dass das für uns zwei, ans wie's andere, gefährlich is? Ibrigens hab' i ja, Gott sei Dank, weil i halt immer a Glück haben muss, wann i schon amal auf Schleichwegen geh', auf der Treppen den Nathanael Jettel getroffen, bin dem Herrn Hofschauspieler bei ei'm Haar direkt in die Arme g'rannt. Wird schon sorgen, dass das nicht unter uns bleibt, dass i di b'sucht hab'.
Direktor Hassenreuter Ich muss das Datum verschrieben haben: Der Mensch behauptet, ha ha ha, ich hätte ihn ganz ausdrücklich für heut Nachmittag herbestellt.
Alice Rütterbusch Das war aber net etwa die einzige Bassermann'sche Gestalt[43], der i auf die sechs Treppenabsätz begegnet bin, und was mir die lieben kleinen Kinderln, die auf die Stufen rumkugeln, nachgeschrien haben, das is dermaßen unparlamentarisch, das is von solche Kröten, noch net drei Käs' hoch sind's, schon die allergrößte Gemeinheit, die mir noch vorkommen is.

---

43 Gemeint ist damit eine fragwürdige Erscheinung.

Direktor Hassenreuter *lacht, wird dann ernst.* Ja, siehst du: daran gewöhnt man sich; was so hier in diesem alten Kasten mit schmutzigen Unterröcken die Treppe fegt und überhaupt schleicht, kriecht, ächzt, seufzt, schwitzt, schreit, flucht, lallt, hämmert, hobelt, stichelt, stiehlt, treppauf treppab allerhand dunkle Gewerbe treibt, was hier an lichtscheuem Volke nistet, Zither klimpert, Harmonika spielt – was hier an Not, Hunger, Elend existiert und an lasterhaftem Lebenswandel geleistet wird, das ist auf keine Kuhhaut zu schreiben. Und dein alter Direktor, last not least, rennt, ächzt, seufzt, schwitzt, schreit und flucht, ha ha ha, wie der Berliner sagt, immer mittenmang mit. Ha ha ha, Mädel, mir ist es recht dreckig gegangen.

Alice Rütterbusch Weißt ibrigens, wen i, wie i grad auf den Bahnhof Zoologischer Garten zusteur', troffen hab'? Den alten guten Fürst Statthalter hab i troffen. Und sixt, unverfroren wie i amal bin, bin i zwanzig Minuten lang neben ihm hergeschwenkt und hab' ihn in an langen Diskurs verwickelt, und auf Ehre, Harro, wie ich dir sag', so is es buchstäblich tatsächlich g'schegn. Auf'n Reitweg is plötzlich Majestät mit großer Suite vorübergeritten. I denk', i versink! Und hat übers ganze Gesicht gelacht und Durchlaucht so mit dem Finger gedroht. Aber g'freit hab' i mi, das kannst mir glauben. Aber jetzt kommt d' Hauptsach'. Jetzt pass auf! – Ob i mi freun tät', hat mi Durchlaucht plötzli g'fragt, und ob i wieder nach Straßburg mecht', wann der Direktor Hassenreuter das Theater tät' wieder übernehmen. Na weißt: beinah hab' i an Sprung getan!

Direktor Hassenreuter *Er wirft seinen Überzieher ab und steht in seinen Orden da.* Du hast wahrscheinlich bemerken müssen, dass die kleine Durchlaucht vorzüglich gefrühstückt hat. Sessa! Wir haben zusammen gefrühstückt. Wir haben ein exquisites kleines Herrenfrühstück beim Prinzen Ruprecht draußen in Potsdam gehabt. Ich leugne nicht, dass sich vielleicht eine Wendung zum Guten im miserablen Geschicke deines Freundes vorbereitet.

Alice Rütterbusch Liebster, wie a Staatsmann, wie a Gesandter siehst du ja aus.

Direktor Hassenreuter Ah, du kennst diese Brust voll hoher und höchster Orden noch nicht!? Klärchen und Egmont[44]! Hier

---

[44] Gestalten aus Goethes »Egmont«.

magst du dich satt trinken! – *Neue Umarmung.* Carpe diem! Genieße den Tag! Sekt, kleine Naive, steht allerdings auf dem jetzigen Repertoire deines alten Direktors, Erweckers und Freundes nicht! – *Er öffnet die Truhe und entnimmt ihr eine Flasche Wein.* – Aber dieser Stiftswein ist auch nicht von Pappe! – *Er zieht den Korken an. Die Türschelle geht.* – Was? Pst! Wer hat denn die ungeheure Dreistigkeit, am Sonntagnachmittag hier anzuklingeln? – *Es klingelt stärker.* – Kleine, zieh dich mal in die Bibliothek zurück! – *Alice eilt in die Bibliothek ab. Es klingelt wieder.* – Donnerwetter noch mal, der Kerl ist ja irrsinnig. – *Er eilt nach der Tür.* – Gedulden Sie sich, oder scheren Sie sich! – *Man hört ihn die Tür öffnen.* – Wer? Wie? »Ich bin's, Fräulein Walburga?« Was? Fräulein Walburga bin ich nicht. Ich bin nicht die Tochter! Ich bin der Vater! Ach, Sie sind's, Herr Spitta! Gehorsamer Diener, ich bin der Vater! Ich bin der Vater! Was wünschen Sie denn? – *Im Gange erscheint wiederum der Direktor, geleitet von Erich Spitta, einem einundzwanzigjährigen jungen Menschen, der Brille und Zwickel trägt und übrigens scharfe und nicht unbedeutende Züge hat. Spitta gilt als Kandidat der Theologie*[45] *und ist entsprechend gekleidet. Er hält sich nicht gerade, und seiner Körperentwicklung ist die Studierstube und mangelhafte Ernährung anzumerken.* Wollten Sie meiner Tochter Walburga hier auf dem Speicher Privatstunden geben?

Spitta Ich fuhr im Pferdebahnwagen vorüber und glaubte wirklich, ich hätte Fräulein Walburga unten durch das Portal ins Haus eilen sehen.

Direktor Hassenreuter Gar keine Ahnung, mein lieber Spitta. Meine Tochter Walburga ist augenblicklich mit ihrer Mutter in der englischen Kirche, ich glaube, zu einem liturgischen Gottesdienst.

Spitta Dann verzeihen Sie vielmals, wenn ich gestört habe. Ich nahm mir die Freiheit, heraufzukommen, weil ich mir sagte: Eine Begleitung in dieser Gegend, vielleicht auf dem Rückwege nach dem Westen, wäre Fräulein Walburga am Ende nicht unangenehm.

Direktor Hassenreuter Wohl, wohl, aber sie ist nicht hier, bester Spitta. Ich bedaure sehr. Ich selber bin nur zufällig hier, der Post wegen! Und ich habe auch leider andere dringende Sachen vor. – Wünschen Sie sonst was, mein guter Spitta?

---

45 Student der Theologie.

Spitta *putzt seinen Kneifer und gibt Zeichen von Verlegenheit.*
Spitta Man gewöhnt sich nicht gleich an die Dunkelheit.
Direktor Hassenreuter Sie benötigen vielleicht Ihr Stundengeld. Schade: Ich habe leider die Gewohnheit, nur mit einem Notpfennig in der Westentasche auf die Straße zu gehn. Ich muss Sie schon bitten, sich zu gedulden, bis ich wieder in meiner Wohnung bin.
Spitta Hat durchaus keine Eile, Herr Direktor.
Direktor Hassenreuter Ja, das sagen Sie so: aber ich bin ein gehetztes Wild, guter Spitta ...
Spitta Und doch möchte ich, da ich dieses Zusammentreffen wirklich als eine Art höhere Fügung ansehen muss, um eine Minute Ihrer kostbaren Zeit bitten. Dürfte ich, kurz, eine Frage tun?
Direktor Hassenreuter *mit den Augen auf der Uhr, die er gezogen hat.* Genau eine Minute. Die Uhr in der Hand, bester Spitta.
Spitta Frage und Antwort wird, denk' ich, kaum von so langer Dauer sein.
Direktor Hassenreuter Also los!
Spitta Habe ich wohl Talent zum Schauspieler?
Direktor Hassenreuter Um Gottes willen, Mensch, sind Sie denn irrsinnig? Verzeihen Sie, bester Herr Kandidat, wenn ich in einem solchen Fall bis zur Unhöflichkeit außer dem Häuschen bin. Es heißt zwar: natura non facit saltus[46], aber Sie haben da einen unnatürlichen Sprung gemacht. Da muss ich mal erst zu Atem kommen. Und nun Schluss davon! Denn glauben Sie mir, wenn wir beide jetzt über diese Frage zu diskutieren anfangen, so würden wir in drei bis vier Wochen, sagen wir Jahren, darüber noch nicht zum Schluss gekommen sein. Sie sind Theologe, mein Bester, und stammen aus einem Pastorhaus: Wie kommen Sie denn auf solche Gedanken? Wo Sie doch Konnexionen haben und Ihnen die Wege zu einer behaglichen Existenz geebnet sind.
Spitta Ja, das ist eine lange, innere Geschichte, eine lange Geschichte schwerer innerer Kämpfe, Herr Direktor, die allerdings bis zu dieser Stunde nur mir bekannt und also absolutes Geheimnis gewesen sind. Da hat mich das Glück in Ihr Haus geführt, und von diesem Augenblick an fühlte ich, wie ich dem wahren Ziel meines Lebens näher und näher kam.

---

[46] Lateinisch: Die Natur macht keinen Sprung.

Direktor Hassenreuter *mit peinlicher Ungeduld.* Das ehrt mich. Das ehrt mich und meine Familie! – *Er legt ihm die Hände auf die Schulter.* – Dennoch muss ich Ihnen jetzt die ganz inständige Bitte vortragen, von der Erörterung dieser Angelegenheit im Augenblicke abzusehen. Meine Geschäfte sind unaufschieblich.

Spitta Dann möchte ich nur noch so viel hinzusetzen – damit Sie's wissen! –, dass ich absolut fest entschlossen bin.

Direktor Hassenreuter Aber mein lieber Herr Kandidat: Wer hat Ihnen denn diese Raupen in den Kopf gesetzt? Ich habe mich über Sie gefreut. Habe Sie schon im Geist Ihres friedlichen Pfarrhauses wegen beneidet. Gewissen literarischen Ambitionen, die einem hier in der Großstadt anfliegen, habe ich keinen Wert beigelegt. Das ist nur so nebenbei und verliert sich zweifellos wieder bei ihm, dachte ich mir! – Mensch, und nun wollen Sie Komödiant werden? Kurz: Gnade Gott, wenn ich Ihr Vater wäre! Ich würde Sie bei Wasser und Brot einsperren und Sie nicht eher herauslassen, als bis Ihnen jede Erinnerung an diese Torheit entschwunden wäre. Dixi[47]! Und nun adieu, guter Spitta.

Spitta Einsperren oder irgendeine andere, Gewaltmaßregel würde bei mir durchaus nichts helfen, fürcht' ich.

Direktor Hassenreuter Aber Mensch: Sie wollen Schauspieler werden! Mit Ihrer schiefen Haltung, mit Ihrer Brille und vor allem mit Ihrem heiseren und scharfen Organ geht das doch nicht.

Spitta Wenn es im Leben solche Käuze gibt wie mich, warum soll es nicht auch auf der Bühne solche Käuze geben! Und ich bin der Ansicht, ein wohlklingendes Organ, womöglich verbunden mit der Schillerisch-Goethisch-Weimarischen Schule der Unnatur[48], ist eher schädlich als förderlich. Die Frage ist nur: Würden Sie mich, wie ich nun einmal bin, als Schüler annehmen?

Direktor Hassenreuter *zieht hastig seinen Sommerpaletot über.* Nein! Denn erstens ist meine Schule auch nur eine Schule Schillerisch-Goethisch Weimarischer Unnatur! Zweitens könnte ich es vor Ihrem Herrn Vater nicht verantworten! Und drittens zanken wir uns so schon genug, jedes Mal nach den Privatstunden, die Sie in meinem Hause geben, beim Abendbrot. Das würde dann bis

---

47 Lateinisch: Ich habe gesprochen.
48 Anspielung auf den klassischen Inszenierungsstil (vgl. die Auseinandersetzung zwischen Spitta und Hassenreuter im III. Akt).

zur Prügelei ausarten. Und nun Spitta: Ich muss auf die Pferdebahn.

Spitta Mein Vater ist bereits informiert. Ich habe ihm in einem zwölf Seiten langen Brief Punkt für Punkt die Geschichte meiner inneren Wandlung eröffnet ...

Direktor Hassenreuter Sicherlich wird der alte Herr äußerst davon geschmeichelt sein! Mensch, und nun kommen Sie mit mir, ich werde sonst wahnsinnig!

Der Direktor zieht Spitta gewaltsam mit sich fort und hinaus. Man hört die Tür ins Schloss fallen.

Es wird still bis auf das ununterbrochene Rauschen Berlins, das nun lauter hervortritt. Nun wird die Bodenklappe geöffnet, und Walburga Hassenreuter steigt in wahnsinniger Hast, gefolgt von Frau John, die Treppe herunter.

Frau John *flüsternd, heftig.* Wat is denn? Et is doch jar nischt jeschehn.

Walburga Frau John, ich schreie! Ich muss gleich losschreien! Um Gottes willen, ich kann gar nicht an mich halten, Frau John.

Frau John Taschentuch mang die Zähne, Mächen! Et is ja jar nischt! Wat haste dir denn?

Walburga *zähneklappernd, ihr Röcheln gewaltsam bezwingend.* Ich bin ja des Todes ... ich bin ja des Todes erschrocken, Frau John!

Frau John Wenn ick man wisste, for wat du erschrocken bist?

Walburga Haben Sie nicht diesen schrecklichen Menschen gesehn?

Frau John Wat ist denn da schrecklich? Det is doch mein Bruder, wo mich manchmal bei Papans seine Sachen ausklopfen helfen dut.

Walburga Und das Mädchen, das mit dem Rücken am Schornstein sitzt und wimmert.

Frau John Det is deine Mutter nich anders jejangen, eh det du zur Welt jekommen bist.

Walburga Ich bin hin. Ich bin tot, wenn Papa wiederkommt.

Frau John Nu denn sieh, det de fortkommst, und fackel nich lange! – *Frau John begleitet die entsetzte Walburga den Gang hinunter und lässt sie hinaus. Dann kommt sie wieder.* Det Mädchen weeß, Jott sei Dank, von helllichten Dache nischt.

Sie nimmt die entkorkte Weinflasche, gießt einen der Römer voll und nimmt ihn mit auf den Boden, wo sie verschwindet. Kaum ist das Zimmer leer, so erscheint der Direktor wieder.

Direktor Hassenreuter *noch an der Tür, singend.* Komm herab, o Madonna Teresa!« – *Er ruft.* Alice! – *Noch immer an der Tür.* Komm mal! Hilf mir mal die eiserne Stange mit dem doppelten Schloss vor die Tür zu legen. Alice! – *Er kommt nach vorn.* – Wer jetzt noch unsere Sonntagsruhe zu stören wagt: anathema sit![49] – Heda! Kobold! Wo steckst du, Alice? – *Er wird auf die Weinflasche aufmerksam und hebt sie in die Höhe.* – Was? Halb leer? Schlingel! – *Man hört eine hübsche weibliche Singstimme hinter der Bibliothekstür sich in Koloraturen ergehen.* – Ha ha ha ha! Himmel! Sie hat sich schon einen Schwips angetrunken.

---

49 »Der sei verflucht«; Zitat aus dem Alten Testament (1. Korinther 16, 22).

Zweiter Akt

Die Wohnung der Frau John im zweiten Stock des gleichen Hauses, in dessen Dachgeschoss der Fundus des Direktors Hassenreuter untergebracht ist: ein weitläufiges, ziemlich hohes, graugetünchtes Zimmer, das seine frühere Bestimmung als Kasernenraum verrät. Die Hinterwand enthält eine zweiflügelige Tür nach dem Flur. Über ihr ist eine Schelle angebracht, die von außen an einem Draht gezogen werden kann. Rechts von der Tür beginnt eine etwas mehr als mannshohe Tapetenwand, die geradlinig nach vorn geht, hier einen rechten Winkel macht und wiederum geradlinig mit der rechten Seitenwand verbunden ist. So ist eine Art von Verschlag abgeteilt, über den einige Schrankgesimse hervorragen und der das Schlafzimmer der Familie ist.
Tritt man durch die Flurtüre ein, so hat man zur Linken ein Sofa, überzogen mit Wachsleinwand. Es ist mit der Rückenlehne an die Tapetenwand geschoben. Diese ist über dem Sofa mit kleinen Familienbildchen geschmückt: Maurerpolier John als Soldat, John und Frau als Brautpaar usw. Vor dem Sofa steht ein ovaler Tisch, mit einer verblichenen Baumwolldecke. Man muss von der Tür aus an Tisch und Sofa vorübergehen, um den Zugang zum Schlafraum zu erreichen. Dieser ist mit einem Vorhang aus buntem Kattun[50] verschlossen.
An der nach vorn gekehrten Schmalwand des Verschlages steht ein freundlich ausgestatteter Küchenschrank. Rechts davon, an der wirklichen Wand, der Herd. Wie denn der hier verfügbare kleine Raum vornehmlich zu Küchen- und Wirtschaftszwecken dienen muss.
Ein etwa auf dem Sofa Sitzender blickt gerade gegen die linke Zimmerwand und zu den beiden Fenstern hinaus. Am vorderen Fenster ist ein sauber gehobeltes Brett als eine Art Arbeitstisch angebracht. Hier liegen zusammengerollte Kartons (Baupläne), Pausen, Zollstock, Zirkel, Winkelmaß usw. Am hinteren Fenster ein Fenstertritt, darauf ein Stuhl und ein Tischchen mit Gläsern. Die Fenster haben keine Gardinen, sind aber einige Fuß hoch mit buntem Kattun bespannt. Das ganze Gelass, dessen dürftige Einrichtung ein alter Lehnstuhl aus Rohr und eine Anzahl von Holzstühlen vervollständigen, macht übrigens einen sauberen und gepflegten Eindruck, wie man es bei kinderlosen Ehepaaren des Öfteren trifft. Es ist gegen fünf Uhr am Nachmittag, Ende Mai. Die warme Sonne scheint durch die Fenster. Maurerpolier John, ein vierzigjähriger bärtiger, gutmütig aussehender Mann, steht behaglich am vorderen Fenstertisch und macht sich Notizen aus den Bauplänen. Frau John sitzt mit einer

---

50 Billiger Baumwollstoff.

Näharbeit auf dem Fenstertritt des anderen Fensters. Sie ist sehr bleich, hat etwas Weiches und Leidendes an sich, zugleich aber einen Ausdruck tiefer Zufriedenheit, der nur zuweilen von einem flüchtigen Blick der Unruhe und der lauernden Angst unterbrochen wird. An ihrer Seite steht ein Kinderwagen – sauber, neu und nett –, darin ein Säugling gebettet ist.

John *bescheiden.* Mutter, wie wär det, wenn ick det Fenster 'n Ritzen uffmachen däte und ick machte mir dann 'n bissken de Pipe an?

Frau John Musste denn rauchen? Sonst lass et man lieber!

John I, ick muss ja nich, Mutter! Ick mechte bloß jern! Aber lass man! 'n Priem[51], Mutter, tut et am Ende in selbijenjleichen ooch.

Er präpariert sich mit behaglicher Umständlichkeit einen neuen Priem.

Frau John *nach einigem Stillschweigen.* Wat? Du musst noch ma hin ufft Standesamt?

John Det hat er jesacht, det ick noch ma hin müsste und janz jenau anjeben … det ick det müsste janz jenau anjeben Ort und Stunde, wo det Kindchen jeboren is.

Frau John *Nadel am Mund.* Warum haste denn det nich anjejeben?

John Weeß ick et denn? Ick weeß et doch nich.

Frau John Det weeßte nich?

John Bin ick dabeijewesen?

Frau John Na, wenn de mir hier in meiner Berliner Wohnung sitzen lässt und liechst det janze jeschlagene Jahr in Altona, kommst hechstens ma monatlich mir besuchen: Wat wiste denn wissen, wat in deine Behausung vorjehn dut?

John Wo soll ick nich jehn, wo der Meester de mehrschte Arbeet hat? Ick jeh dorthin, wo ick scheen verdiene.

Frau John Ick ha et dir noch in Briefe jeschrieben, det unser Juneken hier in de Wohnung jeboren is.

John Det weeß ick. Det hab ick ihm ooch jesacht! Det is doch janz natierlich, hab ick jesacht, det et in meine Wohnung jeborn is. Da hat er jesacht: Det is jar nich natierlich! Na denn, sach ick, mag et meinswegen uff'n Oberboden bei de Ratten und Mäuse jewesen sind! So kreppte ick mir[52], weil er doch sagte, det et wo-

---

51 Ein Stück Kautabak.
52 Berlinerisch: Ich ärgerte mich.

meechlich jar nich sollte in meine eijene Wohnung sind jewesen. Denn schrie er: wat sind det for Redensarten! Wat? sag ick: ick bin for Lohn un Brot; for Redensarten, Herr Standesbeamter, bin ick nich! Un nu sollte ick Tag und Stunde anjeben ...

Frau John Ick hab et dir doch sojar jenau uff'n Zettel jeschrieben, Paul.

John Wenn eener jekreppt is, denn is er verjeßlich. Ick jloobe, wenn er mir hätte jefracht: Sind Sie Paul John, der Maurerpolier?, ick hätte jeantwortet: ick weeß et nich. Na, nu war ick doch 'n bissken verjnügt jewesen un hatte mit Fritzen eenen jekippt: denn war noch Schubert und Schindlerkarl zujekomm; denn hieß et: ick muss nu 'ne Lage jeben, weil ick doch Vater jeworden bin! – Na! und die Brieder wollten mir ooch nich loslassen und warteten unten an de Tür von't Standesamt. Und nu dachte ick, det se unten stehen! Und wo er mir frachte, an welchen Dache det meine Frau entbunden is, denn wusste ick nischt un musste laut loslachen.

Frau John Häste man nachher jetrunken, Paul, un häste vorher besorcht, wat neetig is!

John Det sachste so? Aber wenn du uff deine ollen Dache noch so 'ne Zicken machst, denn wa ick verjnügt, denn freut ick mir, Mutter.

Frau John Nu jehste und sachst bein Standesamt, det dein Kindeken an fünfundzwanzigsten Mai von deine Ehefrau in deine Wohnung jeboren is.

John War et denn nicht an sechsundzwanzigsten? Ick ha nämlich schlankweg dem sechsundzwanzigsten Mai jesacht! Denn hieß et, weil er doch merkte, det ick an Ende nich so janz sicher war: stimmt's, denn is jut; sonst komm Se wieder!

Frau John I, denn lass et man, wie et is! – *Die Tür wird geöffnet, und Selma Knobbe schiebt einen elenden Kinderwagen herein, der im traurigsten Gegensatz zu dem der Frau John steht, darin liegt, in jämmerlichsten Lumpen, ebenfalls ein Säugling.* – Nee, nee, Selma, mit det kranke Kind bei uns in de Stube rieber, det jing woll vordem, nu jeht det nich.

Selma Er keucht so ville mit sein Husten. Drieben bei uns wird zu ville jerooght, Frau John.

Frau John Ick ha dir jesacht, Selma, du kannst immer komm, ma

II. Akt

Milch un ma Brot holen. Aber wo hier mein Adelbertchen womeechlich mit Auszehrung[53] oder derjleichen anfliejen dut, lass du det arme Wurm drieben bei seine feine Mama drieben!

Selma *weinerlich.* Mutter is jestern und heut nich zu Hause jekomm. Ick kann nachts nich schlafen mit det Kind. Helfjottchen quarrt de janze Nacht ieber. Ick muss doch ma schlafen. Ick spring zum Fenster raus, oder ick lass Helfjottchen mitten uff de Straße und nehme Reißaus, det mir keen Polizist nich mehr finden kann.

John *betrachtet das fremde Kind* Sieht beese aus! Mutter, nimm dich ma mit det Häufchen Unglick 'n bissken an!

Frau John *resolut, drängt Selma mit dem Kinderwagen hinaus.* Marsch, fort aus der Stube! Det jeht nich, Paul. Wer eejnet hat, kann sich mit fremde nich abjeben. Soll de Knobben sehn, wo se bleiben dut. Wat anders is Selma! Du kannst immer rieber komm. Du kannst dir hier ooch hernach 'n bissken uff's Ohr leejen.

Selma *mit dem Kinderwagen ab. Frau John verschließt die Tür hinter ihr.*

John Hast dir doch frieher mit die Knobbe'schen Rotznäsen immer bekümmert!

Frau John Det vastehste nich. Det sich Adelbertchen womeechlich mit schlimme Oojen un Krämpfe von een andret anstecken dut.

John Det mag sind. Bloß nenn ihm nich Adelbertchen, Mutter! Det dut nich jut, 'n Kind 'n selbichten Namen zu jeben wie een andret, det mit acht Dache, unjedooft, mit Dot abjejang'n ist. Det lass man! Davor ha ick Manschetten, Mutter.

Es wird an die Tür geklopft. John will öffnen.

Frau John Wat denn?

John Na, Jette, 't will eener rin.

Frau John *dreht hastig den Schlüssel herum.* Ick wer mir woll, wo ick marode bin, von alle Welt ieberloofen lassen! – *Sie horcht und ruft dann.* Ick kann nich uffmachen: Wat wollen Se denn?

Eine Frauenstimme, *aber tief und männlich.* Ich bin Frau Direktor Hassenreuter.

Frau John *überrascht.* Ach Jott nee! – *Sie öffnet die Tür.* – Nehm Se 't nich iebel, Frau Direktor! Ick ha nich ma jewusst, wer 't is.

Frau Direktor Hassenreuter ist nun, gefolgt von Walburga, eingetreten. Sie ist eine kolossale, asthmatische Dame, älter als fünfzig. Walburga ist ein

---

53 Lungentuberkulose.

wenig unscheinbarer gekleidet als im ersten Akt. Sie trägt ein ziemlich umfangreiches Paket.

Frau Direktor Hassenreuter Guten Tag, Frau John! Ich wollte doch nun – obgleich mir das Treppensteigen schwer wird –, wollte doch nun mal sehen, wie's nach dem frohen Ereignis ... ja ... Ereignis mit Ihnen beschaffen ist.

Frau John Et jeht mir, Jott sei Dank, wieder so hallweeje, Frau Direktor.

Frau Direktor Hassenreuter Das ist doch wahrscheinlich Ihr Mann, Frau John? Das muss man sagen ... muss man sagen – dass Ihre liebe Frau sich in der langen Wartezeit niemals beklagt und immer ... immer fröhlich und guter Dinge ihrer Arbeit oben bei meinem Mann im Theatermagazin verrichtet hat.

John Det is ooch. Se hat ihr mächtig jefreit, Frau Direkter.

Frau Direktor Hassenreuter Nun, da wird man wohl auch ... da wird Ihre Frau wohl die Freude haben, Sie öfters ... öfters als wie bisher – zu Hause zu sehn!

Frau John Ick ha'n juten Mann, Frau Direkter, wo sorjen dut und solide is. Und deshalb, weil Paul auswärts uff Arbeet jeht, denn hat er mir längst nich sitzen lassen. Aber for so'n Mann, wo 'n Bruder schon 'n Jungen von zwölf in de Unteroffiziersschule hat ... det is ooch keen Leben ohne Kinder! Denn kricht er Jedanken! Denn macht er in Hamburg schenet Jeld! Denn is alle Dache Jelejenheet, un denn will er fort nach Amerika auswandern.

John I, Jette, det war ja man bloß so 'n Jedanke.

Frau John Sehn Se, det is mit uns kleene Leite ... det is 'n sauer verdientes Durchkommen, wo unsereens hat, aber jedennoch ... *Sie fährt John schnell mit der Hand durchs Haar.* – Wenn ooch eener mehr is un Sorjen mehr sin – sehn Se, det Wasser läuft ihm de Backen runter! – denn freut er sich.

John Det is, wir haben schon vor drei Jahren 'n Jungchen jehabt, und det is mit acht Dache einjejang.

Frau Direktor Hassenreuter Das hat mir mein Mann ... mein Mann bereits ... hat mir mein Mann bereits gesagt, wie sehr Sie sich um den Sohn gegrämt haben. Sie wissen ja ... wissen ja, wie mein braver Mann Aug' und Herz ... Herz und Auge für alles hat. Und wenn es sich gar ... gar um Leute handelt, die um ihn sind und ihm Dienste leisten, da ist alles Gute ... und Schlimme ... alles

Gute und Schlimme ... was ihnen zustößt ... zustößt, so, als wär'
es ihm selbst passiert.

Frau John *klopft John auf die Schulter.* Ick seh ihm noch, wie er mit
det kleene Kindersärjiken uff beede Knie dazumal in Kinderlei-
chenwaachen jesessen hat. Det durfte d'r Dotenjräber nich an-
rihren.

John *wischt sich Wasser aus den Augen.* Det war ooch so. Det jing ooch
nich.

Frau Direktor Hassenreuter Denken Sie ... denken Sie, heute Mittag
bei Tisch – mussten wir ... mussten wir plötzlich Wein trinken.
Wein! Wo Leitungswasser in den letzten Jahren ... Karaffen mit
Leitungswasser – unser einziges ... einziges Getränk bei Tische
ist. Liebe Kinder, sagte mein Mann. – Er ist, wie Sie wissen, elf
oder zwölf Tage ins Elsass verreist gewesen! ... Also ich trinke,
sagte mein Mann, auf meine gute, brave Frau John, weil ... rief
er mit seiner schönen Stimme! ... weil sie ein sichtbares Zeichen
dafür ist, dass unserem Herrgott ... Herrgott ... der Schrei eines
Mutterherzens nicht gleichgültig ist. – Und da haben wir auf Sie
angestoßen! – So! Und nun bringe ich ... bringe ich Ihnen hier
im ganz besonderen ... ganz besonderen Auftrage meines Mannes einen sogenannten Soxhlet-Kinder-Milchapparat[54]. – Walburga, du magst den Kessel mal auspacken!

*Direktor Hassenreuter tritt ohne Umstände durch die nur angelehnte Flurtür
herein. Er trägt Zylinder, Sommerpaletot, Handschuhe, spanisches Rohr mit
Silbergriff, im Ganzen die etwas abgeschabte Garnitur des Wochentags. Er
spricht hastig und fast ohne Pausen.*

Direktor Hassenreuter, *sich den Schweiß von der Stirn wischend.* Heiß!
Berlin macht heiß, meine Herrschaften! In Petersburg ist die
Cholera! Sie haben meinen Schülern Spitta und Käferstein gegenüber geklagt, dass Ihr Kindchen nicht zunehmen will, Frau
John. Eigentlich ist es ja ein Verfallssymptom unserer Zeit, dass
die meisten Mütter ihre Kinder selber zu nähren nicht mehr fähig
oder nicht willens sind. Sie haben schon einmal einen Jungen
am Brechdurchfall eingebüßt, Mutter John. Hilft alles nichts:
Wir müssen hier deutsch reden! Damit Sie nun diesmal nicht
wieder Pech haben und nicht etwa gar in die Scheren von allerlei
alten Basen fallen, deren gute Ratschläge meistens für Säuglinge

---

54 Gerät zur Sterilisierung der Milch.

tödlich sind, hat Ihnen meine Frau auf meine Veranlassung diesen Milchkochapparat mitgebracht. Ich habe damit meine ganze kleine Gesellschaft, auch die Walburga, großgezogen ... Sapristi, da sieht man ja auch mal wieder den Herrn John! Bravo! Der Kaiser braucht Soldaten, und Sie hatten einen Stammhalter nötig, Herr John! Gratuliere Ihnen von ganzem Herzen! *Er schüttelt John kräftig die Hand.*
Frau Direktor Hassenreuter *am Kinderwagen.* Wie viel ... wie viel hat es gewogen bei der Geburt?
Frau John Et hat jenau acht Pfund und zehn Jramm jewogen.
Direktor Hassenreuter, *jovial, laut und lärmend.* Ha ha ha, strammes Produkt! Acht Pfund zehn Gramm frisches deutsch-nationales Menschenfleisch!
Frau Direktor Hassenreuter Die Augen, das Näschen: der ganze Vater! – Das Kerlchen ist Ihnen wirklich ... wirklich wie aus dem Gesicht geschnitten, Herr John.
Direktor Hassenreuter Sie werden den Bengel doch hoffentlich in die Gemeinschaft der christlichen Kirche aufnehmen lassen.
Frau John *glücklich und gewichtig.* Det wird richtig in de Parochialkirche, richtig am Taufstein, richtig von Jeistlichen wird et jetauft.
Direktor Hassenreuter Sessa! Und welche sind seine Taufnamen?
Frau John Det hat natierlich, wie Männer nu eemal sind, 'n langet Jerede abjesetzt. Ich dachte Bruno! Det will er nich.
Direktor Hassenreuter Aber Bruno ist doch kein übler Name.
John Det mag immer sind, det Bruno weiter keen iebler Name is. Da will ick mir weiter drieber nich ausdricken.
Frau John Wat sachste nich, det ick 'n Bruder habe, wo Bruno heeßt und wo zwölf Jahre jünger is: und jeht manchmal 'n bissken uff leichte Weeje. Det is bloß de Verführung! Der Junge is jut! Det jloobste nich!
John *bekommt einen roten Kopf.* Jette, du weeßt, wat det mit Brunon for 'n Kreuz jewesen is! Wat wiste?! Soll unser Jungeken so 'n Patron[55] kriejen? Et is 'n Patron! Aber eener, ick kann et nich ändern ... eener, wo unter polizeiliche Uffsicht is.
Direktor Hassenreuter *lachend.* Um's Himmels willen, dann suchen Sie ihm einen anderen Patron!
John Jott soll mir bewahren ... ick ha mir bei Brunon anjenom-

---
55 Gemeint ist hier: Pate.

men, in de Maschinenschlosserei Stellung verschafft, nischt davon jehat als Ärjer un Schande! Jott soll bewahren, det er womechlich kommt un mein Jungeken anfassen dut! – *Er krampft die Faust* – Denn, Jette, denn kennt' ick nich for mir jut sachen.

Frau John Immerzu doch, Paul. Bruno kommt ja nich! – So viel kann ick dir aber jewisslich sachen, det mein Bruder mich in die schweren Stunden redlich beiseite jewesen is.

John Warum haste mir nich kommen lassen, Jette?

Frau John So 'n Mann, wo Angst hat, mocht' ick nich.

Direktor Hassenreuter Sind Sie nicht Bismarckverehrer, John?

John *kratzt sich hinter den Ohren.* Det kann ick nu so jenau nich sachen; aber wat meine Jenossen in't Mauerjewerbe sind, die sind et nich.

Direktor Hassenreuter Dann habt ihr kein deutsches Herz im Leibe! Ich habe meinen ältesten Sohn, der bei der Kaiserlichen Marine ist, Otto genannt! Und glauben Sie mir – *er weist auf das Kindchen* –, diese neue künftige Generation wird wissen, was sie dem Schmiede der deutschen Einheit, dem gewaltigen Heros, schuldig ist. – *Er nimmt den Blechkessel des Milchapparates, den Walburga ausgepackt hat, in die Hände und hebt ihn hoch.* – Also, die ganze Geschichte mit diesem Milchapparat ist kinderleicht: Das ganze Gestell mit sämtlichen Flaschen – jede Flasche zunächst ein Drittel mit Milch und zwei Drittel mit Wasser gefüllt! – wird in diesen Kessel mit kochendem Wasser gestellt. Auf diese Weise, wenn man das Wasser im Kessel anderthalb Stunden lang auf dem Siedegrade hält, wird der Inhalt der Flaschen keimfrei gemacht: die Chemiker nennen das sterilisieren.

John Jette, bei de Frau Mauermeester ihre Milch, womit sie die Zwillinge uffziehen dut, wird et ooch sterilililililisiert.

Die Schüler des Direktor Hassenreuter, Käferstein und Dr. Kegel, zwei junge Leute im Alter zwischen zwanzig und fünfundzwanzig, haben angeklopft und die Tür geöffnet.

Direktor Hassenreuter *der seine Schüler bemerkt hat.* Geduld, meine Herren, ich komme gleich! Ich arbeite hier einstweilen noch im Fache der Säuglingsernährung und Kinderfürsorge.

Käferstein *ausgesprochener Kopf, große Nase, bleich, ernster Gesichtsausdruck, bartlos, einen immer schalkhaften Zug um den Mund. Mit Grabes-*

stimme, weich, zurückhaltend. Wir sind nämlich die drei Könige aus dem Morgenlande.

Direktor Hassenreuter *der noch immer den Milchkochapparat hoch in den Händen hält.* Was sind Sie?

Käferstein *wie vorher.* Wir wollen das Kindelein grüßen.

Direktor Hassenreuter Ha ha ha ha! Wenn Sie schon Könige aus dem Morgenlande sind, meine Herren, dann fehlt doch, soweit ich sehen kann, der dritte.

Käferstein Der dritte ist unser neuer Mitschüler auf dem Felde dramaturgischer Tätigkeit, Kandidat der Theologie Erich Spitta, der durch einen gesellschafts-psychologischen Zwischenfall einstweilen noch Ecke Blumen- und Wallnertheaterstraße festgehalten ist.

Dr. Kegel Wir machten uns eilig aus dem Staube.

Direktor Hassenreuter Sehen Sie, es steht ein Stern über Ihrem Hause, Frau John! – Aber sagen Sie mal, hat sich etwa unser braver Kurpfuscher Spitta wieder mal öffentlich an die Heilung sogenannter sozialer Schäden gemacht? Ha ha ha ha! Semper idem![56] Das ist ja ein wahres Kreuz mit dem Menschen.

Käferstein Es war ein Auflauf, und da hat er wohl, wie es scheint, in der Volksmenge eine Freundin wiedererkannt.

Direktor Hassenreuter Meiner unmaßgeblichen Meinung nach würde der junge Spitta viel besser zum Sanitätsgehilfen oder zum Heilsarmeeoffizier geeignet sein. Aber so ist es: der Mensch wird Schauspieler.

Frau Direktor Hassenreuter Der Lehrer der Kinder, Herr Spitta, wird Schauspieler?

Direktor Hassenreuter Wenn du erlaubst, Mama, hat er mir die Eröffnung gemacht. – Aber nun, wenn Sie Weihrauch und Myrrhen bringen, packen Sie aus, lieber Käferstein! Sie sehen, Ihr Direktor ist vielseitig. Bald verhelfe ich meinen Schülern, die ihr nach dem Inhalt der Brüste der Musen durstig seid, zu geistiger Nahrung, nutrimentum spiritus! Bald ...

Käferstein *klappert mit der Sparkasse.* Nun, ich stelle also das Ding, es ist eine feuersichere Sparkasse, hier neben die Equipage des jungen Herrn Maurerpoliers, mit dem Wunsche, dass er es mindestens mal bis zum Regierungsbaumeister bringen möge.

---

56 Lateinisch: Immer das Gleiche.

John *hat Schnapsgläschen auf den Tisch gestellt, nimmt und entkorkt eine unangebrochene Likörflasche.* Na, nu muss ick det Danziger Joldwasser uffmachen.

Direktor Hassenreuter Wer da hat, Sie sehen, dem wird gegeben, Frau John.

John *während er eingießt.* Det is nich jesacht, det for Mauerpolier John sein Kind nich jesorcht wäre, meine Herrn! Aber ick rechen et mir an, meine Herrn. – *Frau Direktor und Walburga ausgenommen, ergreifen alle die Gläser.* – Wohlsein! – Mutter, nu komm, wir wolln ooch ma anstoßen! *Es geschieht, sie trinken.*

Direktor Hassenreuter *im Ton der Rüge.* Mama, du musst selbstverständlich mittrinken.

John *nachdem er getrunken hat, aufgeräumt.* Ick jeh nu ooch nich mehr nach Hamburg hin. D'r Meester mag ma 'n andern hinschicken. Ick zerjle[57] mir schon mit 'n Meester desweejen drei Dache rum. Ick muss mir nu wieder jleich mein Hut nehmen; hat mir wieder ma jejen sechs uffs Büro bestellt! Wenn er nich will, denn lasst er't bleiben: det jeht nich, det 'n Familienvater immer un ewich wech von seine Familie is. Ick ha 'n Kollegen ... et kost mir een Wort, da wer ick, wo se de Fundamente lejen, bei't neue Reichstagsjebäude einjestellt. Zwölf Jahre bin ick bei meinen Meester! Et kann ja ooch ma woanders sind.

Direktor Hassenreuter *klopft John ebenfalls auf die Schulter.* Sessa! Ganz Ihrer Ansicht, Herr Maurerpolier. Unser Familienleben ist eine Sache, die man uns mit Geld und guten Worten nicht abkaufen kann.

Kandidat Erich Spitta tritt ein. Sein Hut ist beschmutzt, sein Anzug trägt Schmutzflecken. Er ist ohne Schlips. Er sieht bleich und erregt aus und säubert mit dem Taschentuch seine Hände.

Spitta Verzeihung. Könnte ich mich bei Ihnen mal eben 'n bisschen säubern, Frau John?

Direktor Hassenreuter Ha ha ha! Um Gottes willen, was haben Sie denn angebahnt, guter Spitta?

Spitta Ich habe nur eine Dame nach Hause begleitet, Herr Direktor, weiter nichts.

Direktor Hassenreuter, *der an einem allgemeinen Lachausbruch ob der Worte Spittas teilgenommen hat.* Na hören Sie mal an! Und da set-

---

[57] Berlinerisch: Ich ärgere mich.

zen Sie noch hinzu: weiter nichts? Und verkünden es offen vor allen Leuten!

Spitta *verblüfft.* Wieso nicht? Es handelte sich um eine gutgekleidete Dame, die ich hier im Hause auf der Treppe schon öfters gesehen hatte und die leider auf der Straße verunglückt ist.

Direktor Hassenreuter Ach, was Sie sagen: erzählen Sie mal, bester Spitta. Augenscheinlich hat die Dame Ihnen Flecke auf den Anzug und Schrammen auf die Hände gemacht.

Spitta Ach nein. Das war wohl höchstens der Janhagel[58]. Die Dame erlitt einen Anfall. Ein Schutzmann griff sie dabei so ungeschickt, dass sie auf den Straßendamm, und zwar dicht vor einem Paar Omnibuspferde, niederfiel. Ich konnte das absolut nicht mit ansehen, obgleich der Samariterdienst auf der Straße im Allgemeinen, wie ich zugebe, unter der Würde gutgekleideter Leute ist.

Frau John schiebt den Kinderwagen hinter den Verschlag und kommt wieder mit einem Waschbecken voll Wasser, das sie auf einen Stuhl setzt.

Direktor Hassenreuter Gehörte die Dame vielleicht jener internationalen guten Gesellschaft[59] an, die man je nachdem nur reglementiert oder auch kaserniert?

Spitta Das war mir in diesem Falle ebenso gleichgültig, wie ich sagen muss, Herr Direktor, wie dem Omnibusgaul, der seinen linken Vorderhuf geschlagene fünf, sechs oder acht Minuten lang, um die Frau nicht zu treten, die unter ihm lag, in der Schwebe gehalten hat. – *Spitta erhält eine Lachsalve zur Antwort.* – Sie lachen! Für mich ist das Verhalten des Gauls nicht lächerlich. Ich konnte ganz gut verstehen, dass einige Leute ihm Bravo zuriefen, Beifall klatschten, andre eine Bäckerei stürmten und Semmeln herausholten, womit sie ihn fütterten.

Frau John *fanatisch.* I, hätt' er man feste zujetreten! – *Die Bemerkung der John löst wieder allgemeines Gelächter aus.* Und ieberhaupt, wat die Knobben is: die jehört öffentlich uff'n Schandarmenmarkt, öffentlich uff de Bank jeschnallt und jehörig mit Riemen durchjefuchtelt! Stockhiebe, det det Blut man so spritzt.

Spitta Ich habe mir niemals eingebildet, dass das sogenannte Mittelalter eine überwundene Sache ist. Es ist noch nicht lange her.

---

[58] Umgangssprachlich für Pöbel, Mob.
[59] Anspielung Hassenreuters auf Prostituierte.

Man hat eine Witwe Mayer noch im Jahre achtzehnhundertsiebenunddreißig hier in Berlin, auf dem Hausvogteiplatz, von unten herauf geradebrecht. – *Er zieht Scherben einer Brille hervor.* – Übrigens muss ich sofort zum Optiker.

John *zu Spitta.* Entschuldijen Se man! Se haben die feine Dame doch hier am Flur jejenieber rinjebracht? Na ja! Det hat Mutter ja jleich jemerkt, det det keen andrer Mensch wie de Knobben jewesen is, wo bekannt for is, det se Mädel mit zwölf uff de Jasse schickt, selber fortbleibt, trinkt und allerhand Kundschaft hat, um Kinder nich kümmert, und wo berauscht is und uffwachen dut, allens mit Fäusten und Schirme durchprijelt.

Direktor Hassenreuter *sich raffend und besinnend.* Allons, meine Herren, wir müssen zum Unterricht. Es fehlt uns schon eine Viertelstunde. Meine Zeit ist gemessen. Unser Stundenschluss muss leider heute ganz pünktlich sein. Komm, Mama! Auf Wiedersehen, meine Herrschaften!

Der Direktor gibt seiner Frau den Arm und geht, gefolgt von Käferstein und Dr. Kegel, ab. Auch John nimmt seinen Kalabreser[60].

John *zu seiner Frau.* Adje, ick muss ooch zum Meester hin. *Auch John geht.*

Spitta Könnten Sie mir mal einen Schlips leihen?

Frau John Ick will mal sehn, wat sich bei Paul in de Schublade vorfinden dut. – *Sie öffnet den Tischschub und verfärbt sich.* – Jesus! – *Sie nimmt ein durch ein buntes Band zusammengehaltenes Büschelchen Kinderhaar aus der Schublade.* – Da hab ick ja 'n Büschelschen Haar jefunden, wo mein Jungeken, wo mein Adelbertchen schon in Sarch mit Vaters Papierschere abjeschnitten is. – *Tiefe, kummervolle Traurigkeit zieht sich plötzlich über ihr Gesicht, das sich aber ebenso plötzlich wieder aufhellt.* – Un nu liecht et doch wieder in Kinderwaachen! – *Sie geht mit eigentümlicher Fröhlichkeit, das Haarbüschel in der Hand den jungen Leuten vorweisend, zur Tür des Verschlages, wo der Kinderwagen, zwei Drittel sichtbar, sich befindet. Dort angelangt, hält sie das Haarbüschel an das Kinderköpfchen.* Na nu kommt mal, kommt mal! – *Sie winkt mit seltsamer Heimlichkeit Walburga und Spitta, die auch neben sie an den Kinderwagen treten.* Seht mal det Häarchen und det! –? ob det nich detselbichte ... ob det nich janz und jänzlich een und detselbichte Häarchen is.

---

[60] Breitkrempiger Männerhut.

Spitta Richtig! Bis auf die kleinste Nuance, Frau John.
Frau John Jut so! jut so! Mehr wollt ick nich!
Sie verschwindet mit dem Kinde hinter dem Verschlag.
Walburga Findest du nicht, Erich, dass das Betragen der John eigentümlich ist?
Spitta *fasst Walburgas Hände und küsst sie scheu und inbrünstig.* Ich weiß nicht, weiß nicht! Oder ich zähle heut nicht mit, weil ich alles von vornherein subjektiv düster gefärbt sehe. Hast du den Brief bekommen?
Walburga Jawohl. Aber ich konnte nicht herausfinden, warum du so lange nicht bei uns gewesen bist.
Spitta Verzeih, Walburga, ich konnte nicht kommen.
Walburga Warum nicht?
Spitta Weil ich innerlich zu zerrissen bin.
Walburga Du willst Schauspieler werden? Ist's wahr? Du willst umsatteln?
Spitta Was schließlich noch mal aus mir wird, steht bei Gott! Nur niemals ein Pastor, niemals ein Landpfarrer!
Walburga Du, ich habe mir lassen die Karten legen.
Spitta Das ist Unsinn, Walburga. Das sollst du nicht.
Walburga Ich schwöre dir, Erich, es ist kein Unsinn. Sie hat mir gesagt, ich hätte einen heimlichen Bräutigam, und der sei Schauspieler. Natürlich hab' ich sie ausgelacht, und gleich drauf sagt Mama, du wirst Schauspieler.
Spitta Tatsächlich?
Walburga Tatsächlich! Und dann hat mir die Kartenlegerin noch gesagt, wir würden durch einen Besuch viel Not haben.
Spitta Mein Vater kommt nach Berlin, Walburga, und das ist allerdings wahr, dass uns der alte Herr etwas zu schaffen machen wird. – Vater weiß das nicht, aber ich bin mit ihm innerlich längst zerfallen, auch ohne diese Briefe, die mir hier in der Tasche brennen und mit denen er meine Beichte beantwortet hat.
Walburga Über unserm verunglückten Rendezvous hat wirklich ein böser, neidischer, giftiger Stern geschwebt. Wie habe ich meinen Papa bewundert! Aber seit jenem Sonntag werde ich aller Augenblick' rot für ihn, und so sehr ich mir Mühe gebe, ich kann ihm seitdem nicht mehr gerade und frei ins Auge sehn.
Spitta Hast du mit deinem Papa auch Differenzen gehabt?

Walburga Ach, wenn es bloß das wäre! Ich war stolz auf Papa! Und jetzt muss ich zittern; wenn du es wüsstest, ob du uns überhaupt noch achten kannst.

Spitta Ich, und verachten! Ich wüsste nicht, was mir weniger zukäme, gutes Kind. Sieh mal: ich will mit Offenheit gleich mal vorangehn. Eine sechs Jahre ältere Schwester von mir war Erzieherin, und zwar in einem adeligen Hause. Da ist etwas passiert ... und als sie im Elternhaus Zuflucht suchte, stieß mein christlicher Vater sie vor die Tür. Er dachte wohl: Jesus hätte nicht anders gehandelt! Da ist meine Schwester allmählich abgesunken, und nächstens werden wir beide mal nach dem kleinen sogenannten Selbstmörderfriedhof bei Schildhorn gehn, wo sie schließlich gelandet ist.

Walburga *umarmt Spitta* Armer Erich, davon hast du ja nie ein Wort gesagt.

Spitta Das ist eben nun anders: ich spreche davon. Ich werde auch hier mit Papa davon sprechen, und wenn es darüber zum Bruche kommt. – Du wundest dich immer, wenn ich erregt werde und wenn ich mich manchmal nicht halten kann, wo ich sehe, wie irgendein armer Schlucker mit Füßen gestoßen wird, oder wenn der Mob etwa eine arme Dirne misshandelt. Ich habe dann manchmal Halluzinationen und glaube am hell-lichten Tage Gespenster, ja meine leibhaftige Schwester wiederzusehn.

Pauline Piperkarcka, ebenso wie früher gekleidet, tritt ein. Ihr Gesichtchen erscheint bleicher und hübscher geworden.

Die Piperkarcka Jun Morjen!

Frau John *hinter dem Verschlag.* Wer ist denn da?

Die Piperkarcka Pauline, Frau John.

Frau John Pauline? – Ick kenne keene Pauline.

Die Piperkarcka Pauline Piperkarcka, Frau John.

Frau John Wer? – Denn wachten Se man 'ne Minute, Pauline!

Walburga Adieu, Frau John.

Frau John *erscheint vor dem Verschlage, schließt sorgfältig den Vorhang hinter sich.* Jawoll! Ick ha mit det Freilein wat zu verabreden. Seht ma, det ihr naus uff de Straße kommt! *Spitta und Walburga schnell ab. Frau John schließt die Tür hinter beiden.* Sie sind et, Pauline? Wat wollen Se denn?

Die Piperkarcka Wat werde wollen? Et hat mir herjetrieben. Habe nich länger warten können. Muss sehn, wie steht.
Frau John Wat denn? Wat soll denn stehn, Pauline?
Die Piperkarcka *mit etwas schlechtem Gewissen.* Na, ob jesund is, ob jut in Stand.
Frau John Wat soll denn jesund, wat soll denn in Stande sind?
Die Piperkarcka Dat sollen woll wissen von janz alleine.
Frau John Wat soll ick denn von alleene wissen?
Die Piperkarcka Ob Kind auch nich zujestoßen is.
Frau John Wat for'n Kind? Un wat zujestoßen? Reden Se deitsch! Se blubbern ja man keen eenziget richtiget deitsches Wort aus de Fresse raus.
Die Piperkarcka Wenn ick nur sagen, was wahr is, Frau John.
Frau John Na wat denn?
Die Piperkarcka Mein Kind ...
Frau John *haut ihr eine gewaltige Backpfeife.* Det sache noch mal, un denn kriste so lange den Schuh um de Ohren, bis et dir vorkommt, det du 'ne Mutter von Drillinge bist. Nu raus! Und nu lass dir nich wieder blicken!
Die Piperkarcka *will fort. Rüttelt an der Tür, die aber verschlossen ist.* Hat mir jeschlagen, zu Hilfe, zu Hilfe! Brauche mir nich jefallen zu lassen! – *Weinend.* Aufmachen! Hat mir misshandelt, Frau John!
Frau John *vollkommen umgewandelt, umarmt Pauline, sie so zurückhaltend.* Pauline, um Jottet willen, Pauline! Ick weeß nich, wat in mir jefahren hat! Sein Se man jut, ick leiste ja Abbitte! Wat soll ick tun? Pauline, soll ick fußfällig uff de Knie, Pauline, Pauline, Abbitte tun?
Die Piperkarcka Was haben mir ins Jesicht jeschlagen? Ick jehe zur Wache und zeigen an, det mir hier ins Jesicht jeschlagen hat. Ick zeigen an, ick gehen zu Wache.
Frau John *hält ihr Gesicht hin.* Da, hauste mir wieder in't Jesicht! Denn is et jut! denn is et verjlichen.
Die Piperkarcka Ick jehe zur Wache ...
Frau John Denn is et verjlichen. Ick sache, Mächen, denn is et, Mächen, sag ick, akkurat mit de Waage verjlichen! Wat wiste nu, Mächen? Nu jeradezu!
Die Piperkarcka Wat soll mich nützen, wenn Backe jeschwollen is.
Frau John *haut sich selbst einen Backenstreich.* Da! Meine Backe is ooch

jeschwollen. Mächen, hau zu, und jeniere dir nich! – Und denn komm, denn raus, watte uff'n Herzen hast. Ick will mittlerweile ... ick koche inzwischen for Sie und for mir, Freilein Pauline, 'n rechten juten Bohnenkaffee, Jott weeß et, und keene Zichorientunke[61].

Die Piperkarcka *weicher.* Warum sin denn auf einmal so niederträchtig und jrob zu mich armes Mädchen, Frau John?

Frau John Det is et! det mecht ick alleene wissen! Komm Se, Pauline, setzen sich! So! Scheeneken, sag ick! Setzen sich! Scheen, det Se mich ma besuchen komm! Wat ha ick von meine Mutter desweejen schon for Schmisse jekricht, ick bin doch aus Brickenberch jebürtig! weil ick mir manchmal ja nich jekannt habe. Die hat mehr wie eemal zu mich jesacht: Mädel, pass uff: du machst dir ma unglücklich. Det kann ooch sin, det se recht haben dut. Wie jeht's, Pauline, wat machen Se denn?

Die Piperkarcka *legt Scheine und Silbergeld, die Handvoll, ohne zu zählen, auf den Tisch.* Hier is det Jeld: ick brauchen ihm nicht.

Frau John Ick weeß doch von keenen Jelde, Pauline.

Die Piperkarcka Oh, werden woll janz jut wissen von Jeld! Et hat mir jebrannt. Et war mich wie Schlange unter Kopfkissen ...

Frau John I wo denn ...?

Die Piperkarcka Is vorjekrochen, wo ick müde bin einjeschlafen. Hat mir jepeinigt, hat mir umringt, hat mir jequetscht, wo ick habe laut aufjeschrien, und meine Wirtin hat mir jefunden, wo ick fast abjestorben, längelang auf Diele jelegen bin.

Frau John Lassen Se det man jut sind, Pauline! Trinken Se erst ma 'n kleenen Schnaps! – *Sie gießt ihr Kognak ein.* – Un dann essen Se erst mal 'n Happenpappen: Mein Mann hat jestern Jeburtstag gehat. *Sie holt einen Streuselkuchen, von dem sie Streifen schneidet.*

Die Piperkarcka I wo denn, ick mag nich essen, Frau John.

Frau John Det stärkt, det dut jut, det müssen Se essen! Aber ick muss mir doch freuen, Pauline, det Se doch wieder mit Ihre jute Natur bei Ihre Kräfte jekommen sin.

Die Piperkarcka Nu will ick aber mal sehn, Frau John.

Frau John Wat denn, Pauline? Wat woll'n Se denn sehn?

Die Piperkarcka Hätt ick laufen jekonnt, wär ick früher jekomm. Das will jetzt sehn, warum jekommen bin.

---

61 Ersatzkaffee.

Frau John, deren fast kriechende Freundlichkeiten von angstvoll beben-
den Lippen gekommen sind, erbleicht auf eine unheilverkündende Weise
und schweigt. Sie geht nach dem Küchenschrank, reißt die Kaffeemühle
heraus und schüttelt heftig Kaffeebohnen hinein. Sie setzt sich, quetscht
die Kaffeemühle energisch zwischen die Knie, fasst die Kurbel und starrt
mit einem verzehrenden Ausdruck namenlosen Hasses zur Piperkarcka
hinüber.
Frau John So? – Ach! – Wat wiste sehen? Wat wiste nu jetzt uff eemal sehn? – Det, det wat de hast mit deine zwee Hände erwürjen jewollt.
Die Piperkarcka Ich? –
Frau John Wiste noch liijen? Ick werde dir anzeijen.
Die Piperkarcka Nu haben mir aber jenug jequält und bis auf't Blut jemartert, Frau John. Mir nachjestellt, mir Schritt und Tritt nich Ruhe jelassen. Bis haben Kind auf Oberboden auf Haufen alter Lumpen zur Welt jebracht. Mich Hoffnung jemacht, mit schlechten Spitzbubenjungen Angst jemacht. Mich Karten jelegt von wegen mein Bräutigam un weiterjehetzt, bis bin wie verrückt jeworden.
Frau John Det bist du ooch noch! Jawoll: du bist janz und jar verrückt! Wat, ick hab dir jequält? Wat hab ick? Ick habe dir aus 'n Rinnstein jelesen! Ick hab dir jeholt bei Schneejestöber, bei de Normaluhr, wo de hast mit verzweifelte Oochen – un wie de hast ausjesehen! – hintern Laternanzünder herjestarrt. Jawoll: denn ha ick dir nachjestellt, det dir der Schutzmann, det dir der jrünge Waachen[62], det dir der Deibel nich hat holen jekonnt! Ick habe dir keene Ruhe jelassen, ick ha dir jemartert, bis det de nich sollst mit dein Kind unterm Herzen in't Wasser jehn. – *Äfft ihr nach.* Ick jeh im Landwehrkanal, Mutter John! Ick erwürje det Kind! Ick ersteche det Wurm mit meine Hutnadel! Ick je, ick lauf, wo der Lump von Vater sitzen un Zither spielen dut, mitten in't Lokal, und schmeiß ihn det tote Kind vor die Fiße. Det haste jesacht, so haste jesprochen, so jing et den lieben langen Dach, un manchmal de halbe Nacht noch dazu, bis ick dir hab hier ins Bette jebracht un so lange jestreichelt, det de bist endlich injeschlafen un bis mittags um zwölf, wie die Glocken von alle Kirchen jeläut't haben, an andern Dache erst wieder uffjewacht.

---

62 Gemeint ist der Gefangenentransporter.

Jawoll, so ha ick dir Angst jemacht, wieder Hoffnung jemacht, so ha ick dir keene Ruhe jelassen! Haste det allens verjessen, wat?

Die Piperkarcka Aber et is doch mein Kind, Mutter John ...

Frau John *schreit.* Denn hol et dir aus'n Landwehrkanale! *Sie springt auf, läuft umher und nimmt bald diesen, bald jenen Gegenstand in die Hand, um ihn sogleich wieder wegzuwerfen.*

Die Piperkarcka Soll ick mein Kind nich ma sehen dürfen?

Frau John Spring in't Wasser un such et! Denn hast et! Weeß Jott, ick halte dir nu weiter nich.

Die Piperkarcka Jut! Mejen mich schlajen, mejen mir prügeln, mejen mir schmeißen Wasserflasche an Kopp; eh nich weiß, wo Kind is, eh nich haben mit Augen jesehen, bringen mich keiner und niemand von Stelle fort.

Frau John *einlenkend.* Pauline, ick ha et in Flege jejeben.

Die Piperkarcka Liije! Ick hör et doch schmatzen, wo et janz jenau hintern Vorhang is! – *Das Kind hinter dem Tapetenverschlag beginnt zu schreien. Die Piperkarcka eilt auf den Vorhang zu, dabei nicht ohne falsche Note, ein wenig pathetisch weinerlich rufend.* Weine nicht, armes, armes Jungchen, jutes Mutterchen kommen schon! – *Frau John, fast von Sinnen, ist vor den Eingang gesprungen, den sie der Piperkarkka verstellt. – Die Piperkarcka, ohnmächtig wimmernd, mit geballten Fäusten.* Soll mir jetzt zu mein Kinde reinlassen!

Frau John *furchtbar verändert.* Sieh mir ma an, Mächen! Mächen, sieh mir ma in't Jesicht! – Jloobst du, det mit eene, die aussieht wie ich ... det mit mir noch zu spaßen is? – *Die Piperkarcka hat wimmernd Platz genommen.* Setz dir! flenne! wimmere! bis dir, ick weeß nich wat ... jammere, bis det dir die Jurgel verschwollen is! Det, wenn de hier rinwillst – denn bist du tot, oder ich bin tot – un denn is ooch det Jungchen nicht mehr am Leben!

Die Piperkarcka *erhebt sich entschlossen.* Denn jeben acht, was jeschehen, Frau John!

Frau John *wiederum einlenkend.* Pauline, die Sache is zwischen uns richtig un abjemacht. Wat wollen Se sich mit det Kindchen behängen, wo jetzt mein Kindeken und in beste Hände jeborgen is? Wat wollen Se denn mit det Kindeken uffstellen? Jehn Se zu Ihren Breitijm! Da sollen Se woll mit den Besseres zu tun haben als Kinderjeschrei, Kindersorjen und Kimmernis.

Die Piperkarcka Erst recht! Nu jerade! Nu muss er mir heiraten! – Haben alle ... hat Frau Kielbacke, als ick mir mussen haben behandeln lassen, zu mich jesacht. Soll nich nachjeben! Muss mir heiraten. Auch Standesbeamte gab mich Rat. Hat jesacht, janz wütend, als ick haben erzählt, wohin jekrochen, un habe Kind auf Dachboden Welt jebracht ... schreit janz wütend: ick muss nich nachlassen. Hat jesacht arme jeschundene Kreatur zu mich, Tasche jejriffen, Taler zwei Jroschen Jeld jeschenkt. Jut! Lasse mir weiter nich ein, Frau John. Adje! Bin bloß jekommen, sowieso, dass morjen Nachmittag fünf zu Hause sind! Warum? Weil morjen einjesetzter Pfleger von Jemeinde nachsehn kommt. Ick werde mir weiter hier noch rumärgern.
Frau John *starr, entgeistert.* Wat, du hast et jemeldt uff't Standesamt?
Die Piperkarcka Etwa nich? Ick soll woll Jefängnis komm?
Frau John Wat hast du jemeldet beim Standesbeamten?
Die Piperkarcka Sonst janischt, als det mit Knaben niederjekommen bin. Ick habe mir jeschämt, o Jott, bin über un über rot jeworden! Mir is, ick sink jleich in de Erde rin.
Frau John So! – Wenn de dir so jeschämt hast, Mädchen, warum haste's denn aber anjezeigt?
Die Piperkarcka Weil mich meine Wirtin und ooch Frau Kielbacke, wo mich hinjeführt hat, mich partout nich Ruhe jejeben.
Frau John So! – Denn wissen se't also uff't Standesamt!
Die Piperkarcka Na ja, det mussen se wissen, Frau John.
Frau John Aber ha ick dir dat nich einjeschärft ...?
Die Piperkarcka Det muss man melden! Soll ick denn abjeführt Untersuchung und Plötzensee[63] gesteckt?
Frau John Ick ha doch jesacht: Ick jeh et anmelden.
Die Piperkarcka Habe jleich bei Standesbeamte jefracht. Is keene jekommen, hat anjemeldt.
Frau John Un wat haste nu also anjejeben?
Die Piperkarcka Dass Aloisius Theophil heißen soll un dass bei Sie, Frau John, in Pflege is.
Frau John Un morjen will eener nachsehn komm?
Die Piperkarcka Det is een Herr von de Vormundschaft[64]. Was is

---

[63] Gemeint ist das Staatsgefängnis in Berlin-Charlottenburg.
[64] Jemand vom Vormundschaftsgericht, das für uneheliche Geburten zuständig ist.

denn weiter? Nun sin doch ruhig un sin vernünftig! Haben mich wirklich vorher Schrecken in alle Jlieder jagt.

Frau John *abwesend.* Nu freilich: Det is nu nich mehr zu ändern. Det is ja nu ooch in Jottesnamen nu jroß weiter nischt.

Die Piperkarcka Gelt, un kann nu mein Kindchen auch sehn, Frau John?

Frau John Heute nich! Morjen, morjen, Pauline.

Die Piperkarcka Warum nich heut?

Frau John Weil det de Beschreien nich jut dut, Pauline! Also morjen, um Uhre fünfen Nachmittag?

Die Piperkarcka Steht jeschrieben, sagt mir Wirtin, dass Herr von die Stadt Uhr fünfen morjen nachsehn kommt.

Frau John *indem sie die Piperkarcka hinausschiebt und selbst mit hinausgeht, im Tone der Abwesenheit.* Jut so. Lass er man kommen, Mächen!

Frau John ist einen Augenblick auf den Flur hinausgetreten und kommt ohne die Piperkarcka wieder herein. Sie ist seltsam verändert und geistesabwesend. Sie tut einige hastige Schritte gegen die Verschlagstür, steht jedoch plötzlich wieder still mit einem Gesichtsausdruck vergeblichen Nachsinnens. Dieses Grübeln unterbricht sie, heftig gegen das Fenster zueilend. Hier wendet sie sich, und wieder erscheint der hilflose Ausdruck schwerer Bewusstlosigkeit. Langsam, wie eine Nachtwandlerin, tritt sie an den Tisch und lässt sich daran nieder, das Kinn in die Hand stützend.

Nun erscheint Selma Knobbe in der Tür.

Selma Mutter schläft, Frau John. Ick ha solchen Hunger. Kann ick 'n Happen Brot kriejen? *Frau John erhebt sich mechanisch und schneidet ein Stück von einem Laib Brot, wie unter dem Einfluss einer Suggestion. – Selma, der die Verfassung der Frau auffällt.* Ick bin's! – Wat is denn? Schneiden sich man bloß nich etwa mit Brotmesser!

Frau John *mit trockenem Röcheln, das sie mehr und mehr überwältigt, indem sie Brot und Brotmesser willenlos auf den Tisch gleiten lässt.* Angst! Sorge! – Da wisst ihr nischt von! *Sie zittert und sucht einen Halt, um nicht umzusinken.*

Dritter Akt

Alles wie im ersten Akt. Die Lampe brennt. Auf dem Gange schwaches Ampellicht.
Direktor Hassenreuter gibt seinen drei Schülern, Spitta, Dr. Kegel und Käferstein, dramatischen Unterricht. Er selbst sitzt am Tisch, öffnet fortgesetzt Briefe und schlägt skandierend mit dem Falzbein[65] auf den Tisch. Vorn stehen auf der einen Seite Kegel und Käferstein, auf der anderen Spitta, einander als beide Chöre der Braut von Messina gegenüber. Ihre Füße befinden sich innerhalb eines Schemas aufgestellt, das mit Kreide auf den Fußboden gezeichnet ist und diesen in die vierundzwanzig Felder des Schachbretts einteilt. Auf dem Kontorbock am Stehpult sitzt Walburga, in ein großes Kontobuch eintragend. Im Hintergrund, wartend, steht der Vizewirt oder Hausmeister Quaquaro, ein vierzigjähriger vierschrötiger Mensch, der Inhaber eines wandernden Zirkus und, als Athlet, Hauptmitglied desselben sein könnte. Seine Sprache ist tenorhaft guttural. Er trägt Schlafschuhe. Die Beinkleider durch einen gestickten Gürtel gehalten. Ein offenes Hemd, nicht unsauber, ein leichtes Jackett und die Mütze in der Hand.

Dr. Kegel und Käferstein *mit gewaltiger Pathetik.*
 Dich begrüß' ich in Ehrfurcht,
 prangende Halle,
 dich, meiner Herrscher
 fürstliche Wiege,
 säulengetragenes herrliches Dach.
  Tief in der Scheide ...[66]
Direktor Hassenreuter *schreit wütend.* Pause! Punkt! Punkt! Pause! Punkt! Sie drehen doch keinen Leierkasten! Der Chor aus der Braut von Messina ist doch kein Leierkastenstück! »Dich begrüß' ich in Ehrfurcht« noch mal von Anfang an, meine Herren! »Dich begrüß' ich in Ehrfurcht, prangende Halle!« Etwa so, meine Herren! »Tief in der Scheide ruhe das Schwert.« Punktum! Meinethalben fahren Sie fort!

---

[65] Hassenreuter gibt mit dem Falzbein, einem traditionellen Werkzeug der Papierverarbeitung, den Sprechtakt vor.
[66] Die Zitate stammen aus Schillers Trauerspiel »Die Braut von Messina«, in dem er nach dem Vorbild des antiken griechischen Dramas einen Chor einsetzt, der das Geschehen kommentiert.

Dr. Kegel und Käferstein
>Tief in der Scheide
>ruhe das Schwert,
>vor den Toren gefesselt
>liege des Streits schlangenhaarigtes Scheusal.
>Denn ...

Direktor Hassenreuter *wie vorher.* Halt! Wissen Sie nicht, was ein Punkt bedeutet, meine Herren? Haben Sie denn keine Elementarkenntnisse? »Schlangenhaarigtes Scheusal.« Punkt! Denken Sie sich einen Pfahl eingerammt: halt! Punkt! Alles ist totenstille! Als wenn Sie gar nicht mehr in der Welt wären, Käferstein! Und dann raus mit der Posaunenstimme aus der Brust! Halt! Um Gottes willen nicht lispeln! – »Denn ...« Weiter! los!

Dr. Kegel und Käferstein
>Denn des gastlichen Hauses
>unverletzliche Schwelle
>hütet der Eid, der Erinnyen Sohn ...[67]

Direktor Hassenreuter *springt auf, brüllt, läuft umher.* Eid, Eid, Eid, Eid! Halt! Wissen Sie nicht, was ein Eid ist, Käferstein? »Hütet der Eid!! – der Erinnyen Sohn.« Der Eid ist der Erinnyen Sohn, Doktor Kegel! Stimme heben! Tot! Das Publikum, bis zum letzten Logenschließen, ist eine einzige Gänsehaut! Schauer durchrieselt alle Gebeine! Passen Sie auf: »Denn des Hauses Schwelle hütet der Eid!!! – der Erinnyen Sohn, der furchtbarste unter den Göttern der Hölle!« – Nicht wiederholen, weiter im Text! Sie können sich aber jedenfalls merken, dass ein Eid und ein Münchner Bierrettich zwei verschiedene Dinge sind.

Spitta *deklamiert.*
>Zürnend ergrimmt mir das Herz im Busen ...

Direktor Hassenreuter Halt! – *Er läuft zu Spitta und biegt an seinen Armen und Beinen herum, um eine gewünschte tragische Pose zu erzielen.* – Erstlich fehlt die statuarische Haltung, mein lieber Spitta. Die Würde einer tragischen Person ist bei Ihnen auf keine Weise ausgedrückt. Dann sind Sie nicht, wie ich ausdrücklich verlangt habe, von Feld I D mit dem rechten Fuß auf II C getreten. Endlich wartet Herr Quaquaro: unterbrechen wir einen Augenblick! – *Er wendet sich an Quaquaro.* So, jetzt steh' ich zu

---

[67] In der griechischen Mythologie die Göttinnen der Rache.

Diensten, Herr Vizewirt; das heißt, ich habe Sie bitten lassen, weil mir leider, wie sich bei der Inventur herausstellt, mehrere Kisten mit Kostümen abhanden gekommen, mit andern Worten gestohlen sind. Bevor ich nun meine Anzeige mache, wozu ich natürlich entschlossen bin, wollte ich erst mal Ihren Rat hören. Umso mehr, da sich auch sonst noch etwas, wie soll ich sagen, eine sonderbare Bescherung statt der verlornen Kleiderkisten in einem Winkel des Bodens angefunden hat: ein Fund, um Virchow[68] zu benachrichtigen. Erstlich ein blaukariertes Plumeau[69], wahrhaft prähistorisch, und eine unaussprechliche Scherbe, deren Bestimmung im Ganzen harmlos, aber ebenfalls unaussprechlich ist.

Quaquaro Herr Direktor, ick kann ja ma oben steigen.

Direktor Hassenreuter Tun Sie das! Sie finden oben Frau John, die durch den Fund eigentlich noch mehr als ich selbst beunruhigt ist. Diese drei Herren, die meine Schüler sind, lassen es sich partout nicht ausreden, dass da oben etwas wie eine Mordgeschichte vorgefallen ist. Aber bitte: wir wollen keinen Skandal schlagen!

Käferstein Wenn bei meiner Mutter in Schneidemühl im Laden irgendetwas abhanden kam, hieß es immer, das hätten die Ratten gefressen. Und wirklich, was man in diesem Hause von Ratten und Mäusen sieht – auf der Treppe hätt' ich beinahe eine totgetreten! – warum sollten Kisten und Theatergarderobe – Seide schmeckt süß – nicht ebenfalls von ihnen vertilgt worden sein!

Direktor Hassenreuter Geschenkt, geschenkt! Alle weiteren Schnittwarenladenfantasien, ha ha ha ha! sind Ihnen geschenkt, bester Käferstein. Es fehlt nur noch, dass Sie uns Ihre Gespenstergeschichten nochmals auftischen, vom Kavalleristen Sorgenfrei, der sich nach Ihrer Behauptung seinerzeit, als das Haus noch Reiterkaserne war, mit Sporen und Schleppsäbel auf meinem Boden erhängt hat. Und dass Sie den noch in Verdacht nehmen.

Käferstein Sie können den Nagel noch sehn, Herr Direktor.

Quaquaro Det wird in janzen Hause rum erzählt von den Soldat,

---

68 Gemeint ist der Berliner Arzt Rudolf Virchow, der auch für sein soziales Engagement bekannt ist.
69 Federbett.

III. Akt 47

namens Sorjenfrei, der sich irgendwo hier oben in Dachstuhl mit 'ne Schlinge jeendigt hat.

Käferstein Die Tischlersfrau auf dem Hof und eine Mäntelnäherin aus dem zweiten Stock haben ihn wiederholt bei helllichtem Tage aus dem Dachfenster nicken und militärisch stramm heruntergrüßen sehn.

Quaquaro Een Unteroffizier hat dem Soldaten Sorjenfrei ja woll eene Dunstkiepe jenannt und 'n aus Feez eene rinjelangt. Det hat sich der Dämlack zu Herzen jenomm.

Direktor Hassenreuter Ha ha ha ha! Militärmisshandlungen und Geistergeschichten! Diese Verqickung ist originell, aber zur Sache gehört sie nicht. Ich nehme an, der Diebstahl, oder was sonst in Frage kommt, ist während jener elf oder zwölf Tage vor sich gegangen, als ich in Geschäften im Elsass gewesen bin. Also sehen Sie sich die Geschichte mal an, und bitte, Sie werden mir nachher Bescheid sagen! *Der Direktor wendet sich seinen Schülern zu. Quaquaro steigt über die Bodentreppe und verschwindet in der Bodenluke.* Allright, bester Spitta, schießen Sie los!

Spitta *rezitiert nur sinngemäß und ohne Pathos.*

>Zürnend ergrimmt mir das Herz im Busen,
>zu dem Kampf ist die Faust geballt,
>denn ich sehe das Haupt der Medusen,
>meines Feindes verhasste Gestalt.
>Kaum gebiet' ich dem kochenden Blute.
>Gönn' ich ihm die Ehre des Worts?
>Oder gehorch' ich dem zürnenden Mute?
>Aber mich schreckt die Eumenide,
>die Beschirmerin dieses Orts,
>und der waltende Gottesfriede.

Direktor Hassenreuter *hat sich niedergelassen und lauscht, den Kopf in die Hand gestützt, voll Ergebenheit. Erst einige Sekunden, nachdem Spitta geendet hat, blickt er wie zu sich kommend auf.* Sind sie fertig, Spitta? Ich danke sehr! Sehen Sie, lieber Spitta, ich bin nun Ihnen gegenüber wieder mal in die allerverzwickteste Lage geraten: entweder ich sage Ihnen frech ins Gesicht, dass ich Ihre Vortragsart schön finde – und dann habe ich mich der allerniederträchtigsten Lüge schuldig gemacht – oder ich sage, ich finde sie scheußlich, und dann haben wir wieder den schönsten Krach.

Spitta *erbleichend.* Ja, alles Gestelzte, alles Rhetorische liegt mir nicht. Deshalb bin ich ja von der Theologie abgesprungen, weil mir der Predigerton zuwider ist.

Direktor Hassenreuter Da wollen Sie wohl die tragischen Chöre wie der Gerichtsschreiber ein Gerichtsprotokoll oder wie der Kellner die Speisekarte herunterhaspeln?

Spitta Ich liebe überhaupt den ganzen sonoren Bombast der Braut von Messina nicht.

Direktor Hassenreuter Sagen Sie das noch mal, lieber Spitta!

Spitta Es ist nicht zu ändern, Herr Direktor: unsre Begriffe von dramatischer Kunst divergieren in mancher Beziehung total.

Direktor Hassenreuter Mensch, Ihr Gesicht in diesem Augenblick ist ja geradezu ein Monogramm des Größenwahns und der Dreistigkeit. Pardon! Aber jetzt sind Sie mein Schüler und nicht mehr mein Hauslehrer! Ich? Und Sie!? Sie blutiger Anfänger! Sie und Schiller! Friedrich Schiller! Ich habe Ihnen schon zehn Mal gesagt, dass Ihr pueriles[70] bisschen Kunstanschauung nichts weiter als eine Paraphrase des Willens zum Blödsinn ist.

Spitta Das müsste mir erst bewiesen werden.

Direktor Hassenreuter Sie beweisen es selbst, wenn Sie den Mund auftun! – Sie leugnen die Kunst des Sprechens, das Organ, und wollen die Kunst des organlosen Quäkens dafür einsetzen! Sie leugnen die Handlung im Drama und behaupten, dass sie ein wertloses Akzidens[71], eine Sache für Gründlinge ist. Sie negieren die poetische Gerechtigkeit, Schuld und Sühne, die Sie als pöbelhafte Erfindung bezeichnen: eine Tatsache, wodurch die sittliche Weltordnung durch Euer Hochwohlgeboren gelehrten und verkehrten Verstand aufgehoben ist. Von den Höhen der Menschheit wissen Sie nichts. Sie haben neulich behauptet, dass unter Umständen ein Barbier oder eine Reinmachefrau aus der Mulackstraße ebenso gut ein Objekt der Tragödie sein könnte als Lady Macbeth und König Lear[72].

Spitta *bleich, putzt seine Brille.* Vor der Kunst wie vor dem Gesetz sind alle Menschen gleich, Herr Direktor.

Direktor Hassenreuter So? Ach? Wo haben Sie diesen hübschen Gemeinplatz her?

---

70 Lateinisch: knabenhaft.
71 Lateinisch: etwas Zufälliges.
72 Gestalten aus Shakespeares Dramen.

Spitta *unbeirrt.* Dieser Satz ist mir zur zweiten Natur geworden. Ich befinde mich dabei vielleicht mit Schiller und Gustav Freytag[73], aber keinesfalls mit Lessing und Diderot im Gegensatz. Ich habe die letzten zwei Semester mit dem Studium dieser wahrhaft großen Dramaturgen zugebracht, und der gestelzte französische Pseudoklassizismus bleibt mir durch sie endgültig totgeschlagen, sowohl in der Dichtkunst als in den grenzenlos läppischen späteren Goethe'schen Schauspielervorschriften, die durch und durch mumifizierter Unsinn sind.

Direktor Hassenreuter So!

Spitta Und wenn sich das deutsche Theater erholen will, so muss es auf den jungen Schiller, den jungen Goethe des Götz und immer wieder auf Gotthold Ephraim Lessing zurückgreifen: Dort stehen Sätze, die der Fülle der Kunst und dem Reichtum des Lebens angepasst, die der Natur gewachsen sind.

Direktor Hassenreuter Walburga! Ich glaube, Herr Spitta verwechselt mich. Herr Spitta, Sie wollen Privatstunden halten. Bitte, zieh dich doch mit Herrn Spitta zur Privatstunde in die Bibliothek zurück! – Wenn die menschliche Arroganz und besonders die der jungen Leute kristallisiert werden könnte, die Menschheit würde darunter wie eine Ameise unter den Granitmassen eines Urgebirges begraben sein.

Spitta Ich würde dadurch aber nicht widerlegt werden.

Direktor Hassenreuter Mensch! Ich habe nicht nur zwei Semester königliche Bibliothek hinter mir, sondern ich bin ein ergrauter Praktiker, und ich sage Ihnen, dass der Goethe'sche Schauspielerkatechismus A und O meiner künstlerischen Überzeugung ist. Passt Ihnen das nicht, so suchen Sie sich einen anderen Lehrmeister!

Spitta *unbeirrt.* Goethe setzte sich mit seinen senilen Schauspielerregeln, meiner Ansicht nach, zu sich selbst und zu seiner eigenen Natur in kleinlichsten Gegensatz. Und was soll man sagen, wenn er dekretiert: Jede spielende Person, gleichviel welchen Charakter sie darstellen soll – wörtlich! –, müsse etwas Menschenfresserartiges in der Physiognomie zeigen – wörtlich –, wodurch man sogleich an ein hohes Trauerspiel erinnert werde.

---

[73] Gemeint ist der Autor und Literaturwissenschaftler Gustav Freytag, dessen Werk »Die Technik des Dramas«, Leipzig 1863, große Wirkung entfaltete.

Käferstein und Kegel versuchen Menschenfresserpysiognomien.

Direktor Hassenreuter Ziehen Sie doch das Notizbuch, mein guter Spitta, und schreiben Sie, bitte, hinein, dass Direktor Hassenreuter ein Esel ist! Schiller ein Esel! Goethe ein Esel! Natürlich auch Aristoteles – *er fängt plötzlich wie toll zu lachen an* – und, ha ha ha! ein gewisser Spitta ein Nachtwächter.

Spitta Es freut mich, Herr Direktor, dass Sie doch wenigstens wieder bei guter Laune sind.

Direktor Hassenreuter Nein, Teufel, ich bin bei sehr schlechter Laune! Sie sind ein Symptom. Also nehmen Sie sich nicht etwa wichtig! – Sie sind eine Ratte! Aber diese Ratten fangen auf dem Gebiete der Politik – Rattenplage! – unser herrliches neues geeinigtes Deutsches Reich zu unterminieren an. Sie betrügen uns um den Lohn unserer Mühe, und im Garten der deutschen Kunst – Rattenplage! – fressen sie die Wurzeln des Baumes des Idealismus ab: Sie wollen die Krone durchaus in den Dreck reißen. – In den Staub, in den Staub, in den Staub mit euch.

Käferstein und Dr. Kegel wollen ernst bleiben, brechen indessen bald in lautes Gelächter aus, in das der Direktor hineingerissen wird. Walburga macht große Augen. Spitta behält seinen Ernst.

Nun steigt Frau John über die Leiter vom Boden herunter, nach einiger Zeit folgt ihr Quaquaro, der Vizewirt.

Direktor Hassenreuter *bemerkt Frau John, weist heftig mit beiden Armen auf sie, wie wenn er eine Entdeckung gemacht hätte.* Da kommt Ihre tragische Muse, Spitta!

Frau John *die sich unter dem Gelächter des Direktors, Kegels und Käfersteins genähert hat, verdutzt.* Wat ha ick denn an mir, Herr Direkter?

Direktor Hassenreuter Alles Gute und Schöne, beste Frau John! Danken Sie Gott, wenn Ihr stilles, eingezogenes, friedliches Leben Sie zur tragischen Heldin ungeeignet macht! – Aber sagen Sie, haben Sie etwa Gespenster gesehen?

Frau John *mit unnatürlicher Blässe.* I, weshalb denn nu det?

Direktor Hassenreuter Etwa gar wieder den famosen Soldaten Sorgenfei, der dort oben als Deserteur ins bessere Jenseits seine Militärkarriere beschlossen hat?

Frau John I, wenn't 'n lebendicher Mensch wär, det kennte sind: vor tote Jeister furcht ick mir nich.

III. Akt

Direktor Hassenreuter Na, wie war's, Herr Quaquaro, unter den Bleidächern?

Quaquaro *der einen schwedischen Reiterstiefel mitbringt.* Ich habe mir allens jut umjesehen un bin zur Ieberzeijung jekomm, det mindestens obdachloses Jesindel oben, durch wat for'n Zujang weeß ick noch nich, jenächtigt hat. Un denn hab ick det hier in Stiefel jefunden. – *Er zieht aus dem Reiterstiefel ein Kinderfläschchen mit Gummipfropfen, halb mit Milch gefüllt.*

Frau John Det erklärt sich: Ick ha oben zu'n Rechten jesehn und ha Adelbertchen bei mich jehat. – Ick bin an die janze Jeschichte unschuldig!

Direktor Hassenreuter Das Gegenteil hat wohl auch niemand behauptet, Frau John.

Frau John Wo Adelbertchen zur Welt kam ... wo Adelbertchen jestorben war ... der soll ma komm und soll mir sachen, wat eene richtije Mutter is ... aber nu muss ick fort, Herr Direkter ... Nu kann ick zweer Tage, ooch drei nich oben komm. Atje! Ick muss mich ma bisskenn mit Adelbertchen bei meine Schwäjern zeijen uff Sommerfrische.

Sie trottet durch die Flurtür ab.

Direktor Hassenreuter Was hat sie da durcheinander gefaselt?

Quaquaro Schon wo se det erste Kindeken hatte, nu jar nachdem, wie et jestorben is, wa eene Schraube los bei die John. Seit se nu jar det zweete hat, wackeln zwee. Hinjejen, desweejen, rechnen kann se. Die hat manchen juten Jroschen bei scheene Prozente uff Fänder ausjeborcht.

Direktor Hassenreuter Was soll ich nun als Bestohlener tun?

Quaquaro Det kommt druff an, wo Verdacht hin is.

Direktor Hassenreuter In diesem Hause? – Sagen Sie selbst, Herr Quaquaro ...

Quaquaro Det is ja nu wahr, aber et is nu doch ooch so weit, det nächstens bisskenn jesäubert wird. De Witwe Knobbe mit ihren Anhang wird rausjeschmissen! Und denn is eene Blase uf Fliejel B, wo Schutzmann Schierke mir hat jesacht, det sich schwere Jungen mangmang befinden: wo de Polizei nächstens ausheben wird.

Direktor Hassenreuter Irgendwo hier im Hause ist doch ein Gesangverein. Ich höre wenigstens manchmal wirklich hübsche

Männerstimmen »Deutschland, Deutschland über alles«, »Wer hat dich, du schöner Wald«, »In einem kühlen Grunde« und dergleichen absingen.

Quaquaro Det sind se! Det sind se! Die singen so jut wie de blaue Zwiebel[74]! Det sind se, jewiss! Wo man singt, da lass dir jeruhig nieder, heeßt et zwar, aber det wollt ick keenen raten ... Ick wage mir ooch man bloß mit mein Prinz, wat meine Bulldogge is, mang die feine Jesellschaft rin. Immer anzeigen, Herr Direkor! *Quaquaro geht ab.*

Direktor Hassenreuter Sein Auge blitzt Kaution. Sein Wort heischt Preußisch-Kurant[75]. Seine Faust bedeutet Kündigung. Wer um Ultimo nicht von ihm träumt, kann von Glück sagen. Wer von ihm träumt, der brüllt nach Hilfe. Ein scheußlicher, schmalziger Kerl! Aber ohne ihn bekämen die Pächter dieser Staatsbaracke die Miete nicht, und der Militärfiskus[76] könnte die Pacht in den Rauchfang schreiben. – *Die Türschelle geht.* – Das ist Fräulein Alic Rütterbusch, die junge Naive, die ich leider bei dem Hangen und Bangen auf die Entscheidung der Straßburger Stadtväter mir noch immer kontraktlich nicht sichern kann. Nach meiner Ernennung, zu der mir Gott helfe, wird ihr Engagement meine erste direktoriale Handlung sein. – Walburga und Spitta, marsch auf den Oberboden! Zählt die sechs Kisten durch, wo der Vermerk Journalisten steht, dass wir im geeigneten Augenblick mit der Inventur fertig sind. – *Zu Käferstein und Dr. Kegel.* Sie mögen derweil in die Bliothek treten. *Er geht, um die Flurtür zu öffnen. Walburga und Spitta verschwinden eilig und sehr bereitwillig auf den Oberboden. Käferstein und Kegel gehen in die Bibliothek. Direktor Hassenreuter im Hintergrund.* Bitte, kommen Sie nur herein, meine Gnädige! Pardon! Bitte sehr um Pardon, mein Herr! Ich erwartete eine Dame ... ich erwartete eine junge Dame ... Aber bitte, treten Sie doch herein! *Der Direktor kommt mit Pastor Spitta wieder nach vorn. Pastor Spitta, sechzig Jahre alt, ist ein etwas verbauerter kleiner Landpfarrer. Man könnte ihn ebenso gut für einen Feldmesser oder kleinen Gutsbesitzer nehmen. Er ist von kräftiger Erscheinung, kurznackig, wohlgenährt, und hat ein etwas zusammengequetschtes, breites Luthergesicht. Er trägt Schlapp-*

---

74 Vermutlich Anspielung auf einen zeitgenössischen Gesangverein.
75 Bargeld – in Preußen Silbertaler.
76 Gemeint ist die Militärkasse, die Eigentümerin der Mietskaserne.

hut, Brille, Stock, einen Lodenmantel überm Arm; ungeschlachte Stiefel und die Verfassung seiner übrigen Kleidung zeigen, dass sie an Wetter und Wind schon seit lange gewöhnt sind.

Pastor Spitta Wissen Sie, wer ich bin, Herr Direktor?

Direktor Hassenreuter Nicht durchaus bestimmt, aber ...

Pastor Spitta Wagen Sie's nur daraufhin, Herr Direktor: Nennen Sie mich bis auf weiteres Pastor Spitta aus Schwoiz in der Uckermarck, dessen Sohn Erich Spitta, jawohl, in Ihrer Familie als Hauslehrer oder so ähnlich tätig gewesen ist. Erich Spitta: das ist mein Sohn. Das sag' ich mit schwerer Bekümmernis.

Direktor Hassenreuter Zunächst freue ich mich, Sie begrüßen zu können. Ich möchte Sie aber im gleichen Atem bitten, Herr Pastor, des bewussten Seitensprunges wegen, den Ihr Sohn sich leistet, nicht allzu bekümmert, nicht allzu besorgt zu sein.

Pastor Spitta O ich bin sehr besorgt! Ich bin sehr bekümmert! – *Er sieht sich mit großem Interesse, auf einem Stuhl sitzend, in dem seltsamen Raume um.* – Es ist schwer zu sagen, äußerst schwer begreiflich zu machen, bis zu welchem hohen Grade ich bekümmert bin. Aber verzeihen Sie eine Frage, Verehrtester: Ich war im Zeughaus[77]. – *Er berührt mit dem Stock einen der Pappenheim'schen Kürassiere.* – Was sind das für Rüstungen?

Direktor Hassenreuter Das sind Pappenheim'sche Kürassiere.

Pastor Spitta Ah, ah, ich stellte mir Schiller ganz anders vor! – *Sich sammelnd.* O dieses Berlin! Es verwirrt mich ganz! Sie sehen in mir einen Mann, Herr Direktor, der nicht nur bekümmert, nicht nur durch dieses Sodom[78] Berlin im Innersten aufgewühlt, sondern geradezu durch die Tat seines Sohnes gebrochen ist.

Direktor Hassenreuter Eine Tat? Welche Tat?

Pastor Spitta Das fragen Sie noch? Der Sohn eines redlichen Mannes und ... und ... Schauspieler!

Direktor Hassenreuter *gereckt, mit Haltung.* Mein Herr, ich billige den Entschluss Ihres Sohnes nicht. Aber ich selbst, der ich, honny soit qui mal y pense[79], der Sohn eines redlichen Mannes und

---

[77] Gebäude am Kurfürstendamm, mit Ausstellung brandenburgisch-preußischer Waffen.

[78] Biblische Stadt am toten Meer, die wegen der Laster ihrer Einwohner vernichtet wird (1. Mose 19).

[79] »Ein Schuft, wer Schlechtes dabei denkt.« Motto des englischen Hosenbandordens.

selber, will ich hoffen, ein Mann von Ehre bin, ich, wie ich hier stehe, ich war selbst Schauspieler und habe noch vor kaum sechs Wochen bei einem Lutherfestspiel in Merseburg – ich bin Kulturkämpfer! – nicht nur als Regisseur, sondern auch als Schauspieler meinen Fuß auf die weltbedeutenden Bretter gestellt. In Bezug auf bürgerliche Ehre und vom Standpunkt der allgemeinen Ehrenhaftigkeit dürfte also, nach meinen Begriffen wenigstens, der Entschluss Ihres Herrn Sohnes nicht zu beanstanden sein. Aber es ist ein schwerer Beruf, und man muss auch außerdem dazu sehr viel Talent haben. Auch geb' ich zu: für schwache Charaktere ist es ein Beruf, der besonders gefährlich ist. Und schließlich habe ich selbst die ungeheure Mühsal meines Standes so bis auf die Nagelprobe kennengelernt, dass ich jeden davor behüten möchte. Deshalb gebe ich meinen Töchtern Ohrfeigen, sobald auch nur der leiseste Gedanke, zur Bühne zu gehen, sich geltend macht, und eh ich sie an einen Mimen verheiratete, würde ich jeder von ihnen einen Stein um den Hals hängen und sie ertränken im Meer, wo es am tiefsten ist.

Pastor Spitta Ich wollte niemand zu nahe treten. Ich gebe auch zu, ich habe als schlichter Landpfarrer von alledem keine Vorstellung. Aber denken Sie sich einen Vater an, eben einen solchen armen Landpfarrer, der seine Pfennige mühsam zusammenkratzt, um seinem Sohne das Studium zu ermöglichen. Denken Sie, dass dieser Sohn kurz vor seinem Examen steht und dass Vater und Mutter – ich hab' eine kranke Frau zu Haus! – mit Schmerzen oder mit Sehnsucht, wie Sie wollen, auf den Augenblick warten, jawohl, wo er in irgendeiner Pfarre seiner Bestimmung von der Kanzel die Probepredigt halten wird. Und nun kommt dieser Brief! Der Junge ist wahnsinnig.

Die Erregung des Pastors ist nicht gerade gespielt, aber beherrscht. Das Zittern, womit er nach seinem Briefe in die Brusttasche greift und ihn dem Direktor hinhält, ist nicht ganz überzeugend.

Direktor Hassenreuter Junge Leute suchen. Allzusehr dürfen wir uns nicht wundern, wenn eine Krise im Leben eines jungen Mannes zuweilen nicht zu vermeiden ist.

Pastor Spitta Nun, diese Krise war zu vermeiden. Sie werden aus diesem Briefe unschwer erkennen, wer verantwortlich für den verderblichen Umschwung in der Seele eines so jungen, braven und immer durchaus gehorsamen Menschen zu machen ist. Ich hätte ihn nie sollen nach Berlin schicken. Jawohl: die sogenannte wissenschaftliche Theologie, die mit allen heidnischen Philosophen liebäugelt und die uns den lieben Herrgott in Rauch, den Herrn und Heiland in Luft verwandeln will, die mache ich für den schweren Fehltritt meines Kindes verantwortlich. Und nun kommen dazu die anderen Verführungen: Herr Direktor, ich habe Dinge gesehen, wovon zu sprechen mir ganz unmöglich ist! Hier habe ich Zettel in allen Taschen: Elite-Ball! Fesche Damenbedienung! und so fort. Ich gehe halb ein Uhr nachts ganz ruhig durch die Passage zwischen Linden und Friedrichstraße, schmeißt sich ein scheußlicher Kerl an mich an, halbwüchsig, und fragt mit einer schmierigen, scheuen Dreistigkeit: ob der Herr vielleicht etwas Pikantes will? Und nun diese Schaufenster, wo neben den Bildern der hohen und allerhöchsten Herrschaften nackte Schauspielerinnen, Tänzerinnen, kurz die anstößigsten Nuditäten zu sehen sind! Und dann dieser Korso, dieser Korso, wo die geschminkte, aufgedonnerte Sünde die Bürgersfrau vom Bürgersteig auf die Straße drängt! Das ist einfach Weltuntergang, Herr Direrktor!

Direktor Hassenreuter Ach Herr Pastor, die Welt, die geht nicht unter! Nicht wegen der Nuditäten und ebenso wenig der heimlichen Sünde wegen, die nachts durch die Straßen schleicht. Sie wird mich und wahrscheinlich das ganze skurrile Menschheitsintermezzo noch überleben.

Pastor Spitta Was diese jungen Leute vom rechten Wege ablenkt, ist das böse Beispiel, ist die Gelegenheit.

Direktor Hassenreuter Mit Erlaubnis, Herr Pastor: Ich habe eigentlich eine Neigung zum Leichtsinn in Ihrem Sohne niemals bemerkt. Er hat einen Zug zur Literatur, und er ist nicht der erste Pastorensohn – Lessing, Herder et cetera –, der in den Weg der Literatur und Poeterei eingebogen ist. Möglicherweise hat er schon Stücke im Schubfach liegen. Allerdings muss ich sagen: Die Ansichten, die Ihr Herr Sohn auch auf dem Felde der Literatur vertritt, sind selbst für mich mitunter beängstigend.

Pastor Spitta Das ist ja furchtbar, das ist ja entsetzlich und geht über meine schlimmsten Befürchtungen weit hinaus! Und so sind mir die Augen denn aufgegangen. – Mein Herr, ich habe acht Kinder

gehabt, von denen Erich unsre schönste Hoffnung, seine nächstälteste Schwester unsre schwerste Prüfung von Gott bedeutete und die nun, dem Anschein nach, beide von der gleichen verruchten Stadt als Opfer gefordert worden sind. Das Mädchen war früh entwickelt, war schön – doch ... Jetzt muss ich zu etwas anderem kommen. – Ich bin seit drei Tagen in Berlin und habe Erich noch nicht gesehen. Als ich ihn heute aufsuchen wollte, war er in seiner Wohnung nicht anwesend. Ich habe eine Weile gewartet und mich natürlich dabei in seiner Behausung umgesehen. Nun: betrachten Sie dieses Bild, Herr Direktor!
Er hat eine kleine Fotografie, indem er Erichs Brief zurücklegt, aus der Brusttasche genommen und hält sie dem Direktor unter die Augen.
Direktor Hassenreuter *nimmt und betrachtet das Bild, bald wie ein Kurzsichtiger, bald wie ein Weitsichtiger, stutzt.* Wieso?
Pastor Spitta An dem albernen Lärvchen liegt weiter nichts. Aber lesen Sie bitte die Unterschrift!
Direktor Hassenreuter Wo?
Pastor Spitta *liest.* «Ihrem einzigen Liebsten seine Walburga.»
Direktor Hassenreuter Erlauben Sie mal! – Was heißt das, Herr Pastor?
Pastor Spitta Irgendein Nähmädchen, heißt das! Wenn nicht gar irgendeine obskure Kellnerin!
Direktor Hassenreuter *sehr bleich.* Hm. *Steckt das Bild ein.* – Ich werde das Bild behalten, Herr Pastor.
Pastor Spitta In solchem Schmutz wälzt sich dieser Sohn. Und nun denken Sie sich in meine Lage: Mit welchen Gefühlen, mit welcher Stirn soll ich künftig vor meine Gemeinde auf der Kanzel stehn ...?
Direktor Hassenreuter Donnerwetter, was geht mich das an, Herr Pastor! Was habe ich mit Ihrem Sprengel[80], mit Ihren verlorenen Söhnen und Töchtern und dergleichen zu tun? *Er zieht wieder die Fotografie.* – Und übrigens, was dieses kernige, tüchtige Mädchen betrifft, »Kellnerin und dergleichen«, so irren Sie sich! Weiter sage ich nichts. Alles Weitere wird sich finden, Herr Pastor. Adieu.
Pastor Spitta Ich gestehe frei, ich begreife Sie nicht. Wahrscheinlich ist das der Ton, der in Ihren Kreisen der übliche ist. Ich gehe und werde Sie nicht mehr belästigen. Aber ich habe als Vater das

---

[80] Pfarrbezirk.

Recht vor Gott, Sie, Herr Direktor, zu verpflichten: Verweigern Sie künftig – oder ich werde Mittel und Wege zu finden wissen – meinem verblendeten Sohne diesen sogenannten dramatischen Unterricht!

Direktor Hassenreuter Nicht nur das, Herr Pastor: sondern ich werde ihm ganz direkt den Stuhl vor die Tür setzen. *Er geleitet den Pastor hinaus, schlägt die Tür zu und kommt ohne ihn wieder – schleudert die Arme in die Luft.* Hier kann man nur sagen: Neandertaler! – *Er stürmt die Bodentreppe hinauf.* Spitta, Walburga, kommt mal herab! – *Walburga und Spitta kommen. – Direktor Hassenreuter zu Walburga, die ihn fragend ansieht.* Geh auf deinen Kontorbock! Setz dich auf deinen humoristischen Körperteil! – Na, und Sie, lieber Spitta, was wollen Sie noch?

Spitta Sie hatten gerufen, Herr Direktor.

Direktor Hassenreuter Gut. Sehen Sie mir ins Angesicht!

Spitta Bitte. *Er tut es.*

Direktor Hassenreuter Ihr macht einen dumm! Aber mich sollt ihr nicht dumm machen! Still! Kein Wort! Ich hätte mich von Ihnen eines anderen versehen als eines so exemplarischen Beweises von Undankbarkeit! – Still! Im Übrigen war ein Herr hier! Er fürchtet sich! Vorwärts! Gehen Sie ihm nach! – Begleiten Sie ihn auf die Straße hinunter! Suchen Sie ihm begreiflich zu machen, dass ich nicht euer Schuhputzer bin!

Spitta *zuckt die Achseln, nimmt seinen Hut, geht ab.*

Direktor Hassenreuter *schreitet energisch auf Walburga zu und zieht sie am Ohr.* Und du, meine Liebe, du bekommst Ohrfeigen, wenn du mit diesem Schlingel von verkrachtem Theologen noch jemals ohne meine Erlaubnis zwei Worte sprichst.

Walburga Au, au, Papa.

Direktor Hassenreuter Dieser Wicht, der mit Vorliebe schafsdumme Gesichter macht, als ob er kein Wässerchen trüben könnte, und dem ich den Zutritt in mein Haus zu eröffnen so unvorsichtig war, ist leider ein Mensch, hinter dessen Maske die unverschämteste Frechheit lauert. Ich und mein Haus, wir dienen dem Geiste der Wohlanständigkeit. Willst du den Schild unserer Ehre beflecken, etwa wie die Schwester von diesem Burschen, die zur Schande ihrer Eltern, wie es scheint, in Gasse und Gosse geendigt ist?

Walburga Über Erich bin ich nicht deiner Ansicht, Papa.
Direktor Hassenreuter Was?! Nun, jedenfalls kennst du meine Ansicht und weißt, einen Appell gegen meine Ansichten gibt es nicht! Du gibst ihm den Laufpass oder siehst selber zu, wo du außerhalb deines Elternhauses mit deinem ehr- und pflichtvergessenen lockeren Lebenswandel durchkommen wirst! Dann fort mit dir! Von solchen Töchtern mag ich nicht wissen!
Walburga *bleich, finster.* Du sagst ja immer, Papa, du hast dir deinen Weg auch ohne deine Eltern selbständig suchen müssen.
Direktor Hassenreuter Du bist kein Mann.
Walburga Gewiss nicht. Aber denke doch mal an Alice Rütterbusch.
Vater und Tochter sehen einander fest in die Augen
Direktor Hassenreuter Wieso? – Bist du heiß? Was? Oder bist du irrsinnig? – *Er lenkt ab, merklich aus dem Konzept, und pocht an die Bibliothek. Kegel und Käferstein erscheinen.*
– Wo blieben wir stehen? Setzen Sie ein!
Kegel, Käferstein *deklamieren.*
>Weisere Fassung
>ziemet dem Alter.
>Ich, der Vernünftige, grüße zuerst.

Geführt von Spitta, erscheint die Piperkarcka, straßenmäßig gekleidet, und Frau Kielbacke, die einen Säugling im Steckkissen[81] trägt.
Direktor Hassenreuter Was wollen Sie? Mit was für Weibsleuten überlaufen Sie mich?
Spitta Es ist nicht meine Schuld, Herr Direktor, die Frauen wollten zu Ihnen hinein.
Frau Kielbacke Nee. Wir wollen man bloß Frau Mauerpolier John sprechen.
Die Piperkarcka Ist doch immer bei Sie hier oben, Frau John?!
Direktor Hassenreuter Ja! Aber ich fange an zu bedauern, dass das so ist, und wünschte jedenfalls, dass sie ihre privaten Empfänge nicht hier bei mir, sondern unten bei sich erledigt. Sonst richte ich nächstens vor der Tür Selbstschüsse oder Fußangeln ein. – Wo fehlt's Ihnen eigentlich, bester Spitta? Sie müssen jetzt schon die Gnade haben und diese Damen nach unten zurechtweisen.

---

81 Eine Art Tragbettchen für Babys.

Die Piperkarcka Unten in ihre Wohnung war nich zu finden Frau John.
Direktor Hassenreuter Hier oben bei uns ist sie auch nicht zu finden.
Frau Kielbacke Det junge Freilein hat nämlich ihr Söhneken bei die Frau Mauerpolier John in Flege jehat.
Direktor Hassenreuter Freut mich! Ohne Umstände los! Retten Sie mich, Käferstein!
Frau Kielbacke Nun is 'n Herr von de Stadt als wie vormundschaftsweejen nachsehn jekomm: wie't steht mit det Kind und det jut versorcht und in Stande is. Und denn is er, denn sind wir bei Frau John mitsamt den Herrn sind wir rinjejang. Denn stand det Kind und 'n Zettel bei, det Frau John hier oben uff Arbeet is.
Direktor Hassenreuter Wo ist das Kind in Pflege gewesen?
Frau Kielbacke Bei de Frau Mauerpolier John.
Direktor Hassenreuter *ungeduldig.* Das ist vollkommen blödsinnig! Das ist unrichtig! – Hätten Sie doch lieber den alten humorvollen Herrn begleitet, dem ich Sie nachgesendet habe, Spitta, statt mir diese Damen hier auf den Hals zu ziehn!
Spitta Ich suchte den Herrn, aber er war schon verschwunden.
Direktor Hassenreuter Die Damen scheinen mir nicht zu trauen. Sagen sie ihnen doch, meine Herren, dass Frau John kein Kind in Pflege hat und dass sie also bezüglich des Namens im Irrtum sind!
Käferstein Ich soll Ihnen sagen, meine Damen, dass Sie wahrscheinlich bezüglich des Namens im Irrtum sind.
Die Piperkarcka *heftig verweint.* Hat Kindchen in Flege! Hat mein Kindchen in Flege jehabt. Is' Herr von die Stadt jekommen, hat jesacht, dass Kindchen in schlechte Hände, verwahrlost is. Hat mich mein Kindeken zujrunde jerichtet.
Direktor Hassenreuter Sie müssen unbedingt, meine Damen, bezüglich des Namens der Frau, von der Sie reden, im Irrtum sein. Frau Maurerpolier John hat kein Kind in Pflege.
Die Piperkarcka Hat mein Kindchen in Klauen gehabt, hat verhungern lassen, zujrunde jerichtet. Will sehn Frau John! Will auf Kopf draufsagen! Soll mich jesund machen kleinet Kind! Muss vor Jericht! Herr hat jesacht, mussen jehn an Jerichtsstelle anzeijen.

Direktor Hassenreuter Ich bitte Sie, sich nicht aufzuregen. Tatsache ist: Sie irren sich! Wie kommen Sie nur auf den Gedanken, meine Damen, dass Frau John ein Kindchen in Pflege hat?
Die Piperkarcka Weil ick ihr selbst überjeben habe.
Direktor Hassenreuter Frau John hat aber doch ihr eigenes Kind, mit dem sie, wie mir jetzt einfällt, auf Besuch zu der Schwester ihres Gatten zu gehen beabsichtige.
Die Piperkarcka Hat kein Kind. Janz und jar nich, Frau John. Ick jeh unten auf Polizeibüro. Hat jelogen, betrogen. Hat kein Kind. Hat mich mein Aloischen zujrunde jerichtet.
Direktor Hassenreuter Bei Gott, meine Damen, Sie irren sich.
Die Piperkarcka Glaubt mich kein Mensch, dass ich Kindchen jehabt habe. Hat mich mein Bräutijam Brief jeschrieben, dass nich wahr is, dass schlechtes, verlogenes Frauenzimmer bin. – *Sie berührt das Tragbettchen.* – Is mein! Will nachweisen vor Jericht! Will schwören bei heilige Mutter Jottes.
Direktor Hassenreuter Decken Sie doch mal auf, das Kind! – *Es geschieht. Direktor Hassenreuter betrachtet den Säugling aufmerksam.* – Hm! Die Sache wird sich bald aufklären, sicherlich! Erstens – ich kenne Frau John –, hätte Frau John diesen Säugling in Pflege gehabt, er könnte ganz unmöglich so aussehen! Ganz einfach, weil Frau John, soweit Kinder in Frage kommen, das Herz auf dem rechten Flecke hat.
Die Piperkarcka Will sprechen Frau John. Weiter sagen nichts. Brauche mir nicht vor alle Welt aufdecken. Alles will haarklein vor Jericht will aussagen, Tag, Stunde, auch janz jenau Ort, wo jeboren is. Jlauben mir: sollten wohl Augen aufreißen!
Direktor Hassenreuter Sie meinen also, mein Fräulein, wenn ich Sie recht verstehe, die Frau John besitze kein eigenes Kind, und das, was dafür gegolten hat, wäre das Ihre.
Die Piperkarcka Schlag Blitz mich nieder, wenn nich so is!
Direktor Hassenreuter Und dies hier sei eben das strittige Kind? Gott möge Sie diesmal nicht beim Wort nehmen! – Nämlich, wie Sie mich sehen, ich bin der Direktor Hassenreuter, und ich habe persönlich das Kind meiner Aufwartefrau, der Frau John, drei- oder viermal in Händen gehabt. Ich hab' es sogar auf der Waage gewogen. Es wiegt über acht Pfund. Dieses arme Wurm hier dürfte noch nicht zwei Kilo wiegen. Aufgrund dieses Um-

III. Akt

standes versichere ich Ihnen, dies hier ist in der Tat nicht das Kind der Frau John. Es mag richtig sein, dass es das Ihre ist. Ich könnte das schlechterdings nicht bezweifeln. Das Kind der Frau John aber kenne ich und bin sicher, dass es mit diesem durchaus nicht identisch ist.
Frau Kielbacke *respektvoll.* Nee, nee, det muss wahr sind: Et is nich identisch.
Die Piperkarcka Det Kindken is janz jenug identisch, wenn ooch bisschen schlecht jenährt und schwächlich is. Det is janz richtig hier mit det Kind. Will Eid schwören, dass richtig identisch is.
Direktor Hassenreuter Ich bin sprachlos. – *Zu den Schülern.* Unser Unterricht steht heute unter einem feindlichen Stern, werte Jünglinge! Ich weiß nicht, wieso, aber der Irrtum der Damen beschäftigt mich. – *Zu den Frauen.* Sie werden sich in der Tür geirrt haben.
Frau Kielbacke Ick ha selbst mit det Freilein und mit den Herrn von die Vormundschaft det Kindeken aus die Stube mit Schild Frau Mauerpolier John uff'n Hausflur jeholt. Frau John war nicht da, und Mauerpolier John ist in Altona abwesend.
Schutzmann Schierke kommt, behäbig und gemütlich.
Direktor Hassenreuter Ah, da ist ja Herr Schierke! Was wünschen Sie denn?
Schierke Herr Direktor, ick habe erfahren, det zwee Frauensleute hier oben jeflichtet sind.
Direktor Hassenreuter Zwei Frauen sind hier. Aber wieso denn geflüchtet?
Frau Kielbacke Wir sind nich jeflichtet.
Direktor Hassenreuter Sie fragten nach meiner Aufwärterin.
Schierke Erlauben Se, det ich se ooch mal wat frache!
Direktor Hassenreuter Bitte.
Die Piperkarcka Lass er man frachen. Desweejen kann ruhig sind.
Schierke *zu Frau Kielbacke.* Wie heißen Sie?
Frau Kielbacke Ich bin Frau Kielbacke.
Schierke Woll von det Landeskindererziehungsheim. Wo wohnen Sie?
Frau Kielbacke In de Linienstraße neun.
Schierke Ist das Ihr Kind, was Sie bei sich haben?
Frau Kielbacke Det is Freilein von Piperkarcka ihr Kind.

Schierke *zur Piperkarcka* Ihr Name?
Die Piperkarcka Paula von Piperkarcka aus Skorzenin.
Schierke Die Frau will behaupten, das wäre Ihr Kind. Wollen Sie das also auch behaupten?
Die Piperkarcka Herr Schutzmann, ich muss erjebenst um Schutz bitten, weil hier unrechtmäßigerweise verdächtigt bin. Is Herr von die Stadt mit mich hier jewesen. Haben mein Kind aus Stube Frau John, wo in Flege jewesen, rausjeholt ...
Schierke *mit durchbohrendem Blick.* Et kann ooch die Tire jejenüber bei de Restaurateurswitwe[82] Knobbe jewesen sind. Wer weeß, wat Sie mit det Kindeken vorhaben, wovon Sie abjesandt und bestochen sind. 'n jutes Jewissen haben Se nich. Jenommen un denn hier ruffjeschlichen, weil det die rechtmäßige Mutter, Witwe Knobbe, wo bestohlen is, Treppen und Jänge absuchen, und weil schräg jejenüber Polizeiwache is.
Die Pieperkarcka Is mich janz jleichgiltig Polizeiwache, bin ...
Direktor Hassenreuter Sie sind widerlegt, meine beste Person! Wollen Sie denn das gar nicht begreifen? Sie sagen, unsere John hätte kein Kind. Sie sagen, wollen Sie bitte gefälligst aufpassen, Sie hätten Ihr Kind, das angeblich für das von Frau John gegolten habe, aus Frau Johns Zimmer herausgeholt! Nun also: Wir alle hier kennen Frau Johns Kind, und das, was Sie da haben, ist ein anderes! Verstanden?! Was Sie behaupten also, kann, nach Adam Riese, unter gar keinen Umständen zutreffend sein! – Übrigens wär' mir's jetzt lieb, Herr Schierke, Sie nehmen die Damen mit sich fort, und ich könnte hier meinen Unterricht fortsetzen.
Schierke Ja, denn kommen wir bloß mang die Knobben mit ihren Anhang rin. Nämlich das Kind ist jestohlen worden.
Die Piperkarcka Aber nich von mich. Is jeraubt von Frau John.
Schierke Schon jut! – *Unbeirrt zum Direktor.* Und es soll ja, wie't heeßt, von Vaters Seite blaublütig sind. Die Knobbe meent ja, et is 'n Komplott von Feinde, weil man ihr die Rente un womeechlich Kadettenerziehung[83] in 'ne jewisse Jejend nich jennen dut. Es wird mit Fäusten an die Tür geschlagen. – Det is de Knobbe. Da is se schonn.

---

82 Ein Restaurateur ist der Inhaber eines gastronomischen Betriebes.
83 Erziehung eines jungen Menschen zu einem zukünftigen Offizier in der Kadettenschule.

Direktor Hassenreuter Herr Schierke, Sie sind mir verantwortlich: Dringen die Leute bei mir ein, und erleide ich eine Schädigung, so wende ich mich an den Polizeipräsidenten: ich bin mit Herrn Maddai gut bekannt. Keine Furcht, liebe Kinder, ihr seid meine Kronzeugen!

Schierke *an der Tür.* Draußen jeblieben! Hier rin kommen Se nich. *Ein kleiner Janhagel heult auf.*

Die Pieperkarcka Soll schreien, was will, bloß mein Kindchen nich nah kommen.

Direktor Hassenreuter Es ist besser so. Treten Sie einstweilen hier in die Bibliothek hinein! – *Er bringt die Piperkarcka, die Kielbacke und das Kind in die Bibliothek.* – Und jetzt, Herr Schierke, wollen wir meinetwegen diese Megäre[84] da draußen hereinlassen.

Schierke *der die Tür ein wenig öffnet.* So! Aber bloß de Knobben! Komm Se mal rin!

Frau Sidonie Knobbe erscheint. Sie ist eine hohe, abgezehrte Erscheinung mit stark ramponierter modischer Sommertoilette. Ihr Gesicht trägt die Stigmata[85] der Straße, zeugt aber übrigens nicht von schlechter Abkunft. Ihre Allüren sind merkwürdig damenhaft. Sie redet mit Affektation[86], ihre Augen deuten auf Alkohol und Morphium.

Frau Knobbe *indem sie hereingesegelt kommt.* Es ist keine Ursache zur Besorgnis, Herr Direktor. Vorwiegend sind es kleine Jungens und kleine Mädchen, da ich kinderlieb bin, wie Sie wissen, die mit mir gekommen sind. Verzeihen Sie gütigst, wenn ich hier eindringe! Eines der Kinder sagte mir, es hätten sich zwei Frauen mit meinem Söhnchen zu Ihnen heraufgeschlichen. Ich suche mein Söhnchen, genannt Helfgott Gundofried, da es tatsächlich aus meiner Wohnung verschwunden ist. Ich möchte Sie aber nicht inkommodieren[87].

Schierke Darum wollt ich ooch janz jehorsamst bitten, verstehn Se mich!

Frau Knobbe *diese Worte mit hochmütiger Kopfbewegung übergehend.* Ich habe unten im Hof zu meinem Leidwesen einen gewissen Lärm erregt. Man überblickt von da aus die Fenster, und ich

---

84 Die Neidische der drei Erynnien in der griechischen Mythologie, hier: rachsüchtige, unversöhnliche Frau.
85 Griechisch (Plural): Kennzeichen.
86 Lateinisch: geziertes Getue.
87 Lateinisch: belästigen.

habe mich bei den Leuten erkundigt, bei der armen Zigarrenarbeiterin im zweiten Stock, bei der kleinen schwindsüchtigen Näherin am Fenster im dritten Stock, ob meine Selma mit meinem Söhnchen etwa bei ihnen ist. Es liegt mir fern, Skandal zu erregen. – Sie müssen wissen, Herr Direktor – ich weiß sehr wohl, dass ich hier unter den Augen eines Mannes von Bedeutung, ja, eines berühmten Mannes bin! –, Sie müssen wissen, ich bin, was Helfgott Gundofried angeht, gezwungen, auf meiner Hut zu sein! – *Mit schwankender Stimme, das Taschentuch zuweilen an die Augen führend.* Ich bin eine arme, vom Schicksal verfolgte Frau, mein Herr, die gesunken ist und die bessere Tage gesehen hat. Aber ich will Sie damit nicht langweilen. Ich werde verfolgt! Man will mir die letzte Hoffnung nun auch rauben.

Schierke Sagen Se kurz, wat Se wünschen! Sputen Se sich!

Frau Knobbe *wie vorher.* Nicht genug: Man hat mich veranlasst, hat mich gezwungen, meinen ehrlichen Namen abzulegen. Ich habe dann in Paris gelebt und schließlich einen brutalen Menschen geheiratet, den Pächter von einem süddeutschen Schützenhaus, weil ich den blöden Gedanken hatte, in meinen Angelegenheiten dadurch gebessert zu sein. O diese Schurken von Männern, Herr Direktor!!

Schierke Det fihrt zu weit. Menagieren[88] Se sich!

Frau Knobbe Es freut mich, dass ich Gelegenheit finde, endlich mal wieder einem Manne von Bildung und Geist in die Augen zu sehn. Mein Herr, ich könnte Ihnen eine Geschichte vortragen ... im Volksmund heiße ich hier die »Gräfin«, und Gott ist mein Zeuge, in meiner frühen Jugend war ich nicht weit entfernt davon! Eine Zeit lang war ich auch Schauspielerin! Wie sagte ich: eine Geschichte vortragen aus meinem Leben, aus meiner Vergangenheit, die den Vorzug hat, nicht erfunden zu sein.

Schierke Na wer weeß ooch!

Frau Knobbe *mit Emphase.* Mein Elend ist nicht erfunden. Trotzdem es erfunden klingt, wenn ich sage, wie ich eines Nachts im tiefsten Abgrunde meiner Schande einen Vetter, einen Jugendgespielen, der jetzt Garderittmeister ist, nachts auf der Straße traf. Er lebt oberirdisch, ich unterirdisch, seit mich mein adelsstolzer Herr Vater verstieß, nachdem ich als junges Ding einen

---

88 Umgangssprachlich: Mäßigen Sie sich.

Fall getan hatte. O Sie ahnen nicht, welcher Stumpfsinn, welche Rohheit, welche Gemeinheit in meinen Kreisen üblich ist! Ich bin ein zertretener Wurm, Herr Direktor, und doch, dorthin, nach diesem glänzenden Elend, sehne ich mich nicht eine Sekunde zurück.

Schierke Nun woll'n wir jefälligst zur Sache kommen!

Direktor Hassenreuter Bitte, Herr Schierke, mich interessiert das! Unterbrechen Sie zunächst mal die Dame nicht! – *zur Knobbe.* Sie hatten von Ihrem Vetter gesprochen. Sagten Sie nicht, dass er Garderittmeister[89] ist?

Frau Knobbe Er war in Zivil. Er ist Garderittmeister. Er erkannte mich, und wir feierten schmerzlich selige Stunden alter Erinnerung. In seiner Begleitung befand sich – ich nenne den Namen nicht! – ein blutjunger Leutnant. Kerlchen wie Milch und Blut, aber zart und schwermütig. Herr Direktor, ich habe die Scham verlernt! Man hat mich neulich sogar aus einer Kirche herausgewiesen: Warum soll eine so zertretene, entehrte, verlassene, mehrmals vorbestrafte Person vor Ihnen nicht offen bekennen, dass er der Vater meines Helfgott Gundofried geworden ist.

Direktor Hassenreuter Des Kindes, das Ihnen entwendet wurde?

Frau Knobbe Wie die Leute sagen. Es kann ja sein! Ich selbst, obgleich meine Feinde mächtig sind und jedwedes Mittel in der Hand haben, ich bin noch nicht ganz überzeugt davon. Vielleicht ist es aber doch ein Komplott, von den Eltern des Vaters angezettelt, Menschen, die, Sie würden erstaunen, Träger eines der ältesten und berühmtesten Namen und Geschlechter sind. Adieu! Herr Direktor, was Sie auch von mir hören sollten, denken Sie nicht, mein besseres Fühlen ist in dem Sumpfe total erstickt, in den ich mich stürzen muss! Ich brauche den Sumpf, wo ich gleich und gleich mit dem Abschaum der Menschheit bin. Da, hier. – *Sie weist ihren nackten Arm vor.* Vergessen! Betäubung! Ich verschaffe es mir mittels Chloral[90], mittels Morphium! Ich finde es in den menschlichen Abgründen. Warum nicht? Wem bin ich verantwortlich? Einst wurde meine geliebte Mama meinetwegen von meinem Vater heruntergemacht! Die Bonne[91] bekam

---

89 Militärischer Rang.
90 Schlafmittel.
91 Kindermädchen in besseren Familien.

meinetwegen Krampfanfälle! Mademoiselle und eine englische Miss[92] rissen sich, weil jede behauptete, dass ich sie mehr liebte, in der Wut gegenseitig die Chignons[93] vom Kopf. Jetzt ...

Schierke ... sage ick Ihnen, jetzt hören Se uff: wir kenn hier Leute nich Freiheit berauben. *Er öffnet die Bibliothekstür.* – Jetzt sagen Se, ob det hier Ihr Kindeken is!
Zuerst tritt die Piperkarcka mit hasserfüllten Augen, Frau Knobbe anstarrend, aus der Tür. Die Kielbacke mit dem Kinde folgt. Schierke nimmt das Tuch von dem Kindchen.

Die Piperkarcka Was wollen von mich? Was kommen mir nachsetzen? Bin ick Zijeuner? Sollen wohl Kinder stehlen in Häuser jehn? Was? Sind nich gescheit! Werden mich schön hüten! Hab selber für mich und mein Kind kaum Essen jenug! Wer rumjehn, wer fremde Kinder auflesen und jroß füttern, wo eijnes mir schon jenug Kummer und Ärjer macht! –
Frau Knobbe glotzt, sieht sich fragend und hilfesuchend um. Holt dann schnell ein Flakon aus der Tasche und gießt den Inhalt auf ihr Schnupftuch. Das Schnupftuch führt sie dann an Mund und Nase und saugt den Duft des Parfüms, um nicht ohnmächtig zu werden. Hierauf glotzt sie wie vorher.

Direktor Hassenreuter Ja, warum sprechen Sie nicht, Frau Knobbe? Das Mädchen behauptet, dass sie selbst und nicht Sie, Frau Knobbe, Mutter des kleinen Kindes ist. *Frau Knobbe erhebt den Schirm, um damit zu schlagen. Man fällt ihr in den Arm.*

Schierke Det jibt's nich! Det is hier nich Kindererziehung! Det machen Se, wenn Se unter sich in de Kinderstube alleene sind! – Die Hauptsache bleibt, wen jeheert hier det Kind? – Und nun ... und jetzt ... Frau verwitwete Knobbe, ieberlejen Se sich, det Se hier reenste Wahrheit sachen! So! Is et Ihret oder 'n fremdet Kind?

Frau Knobbe *bricht los.* Ich schwöre bei der heiligen Mutter Gottes, bei Jesus Christus, Vater, Sohn und Heiliger Geist, dass ich Mutter von diesem Kinde bin.

Die Piperkarcka Und ich schwöre bei heilije Mutter Jottes ...

Direktor Hassenreuter Halt, Fräulein, retten Sie Ihre Seele! – Es mag meinethalben ein Fall von den allerverwickeltsten Umständen sein! Sie schwören dabei vielleicht vollständig gutgläubig, aber

---

92 In besseren Familien waren französiche und englische Erzieherinnen üblich, damit die Kinder früh Fremdsprachen lernten.
93 Französisch: Haarknoten.

Sie werden mir das gewiss zugeben: Jede von Ihnen könnte zwar die Mutter von Zwillingen sein – ein Kind mit zwei Müttern ist nicht zu denken!
Walburga *die unverwandt und starr aus der Nähe das Kind betrachtet.* Papa! Papa! So sieh doch mal erst das Kind!
Frau Kielbacke *weinerlich, entsetzt.* Ja, det Kindeken stirbt schon, jloob ick, seit ick hier drin im Zimmer jewesen bin.
Schierke Wat?
Direktor Hassenreuter Wie? – *Er tritt energisch näher und betrachtet einige Zeit ebenfalls das Kind.* – Das Kindchen ist tot! Das ist ohne Frage! – Hier ist ohne Zweifel einer gewesen, unsichtbar, der über das unbeteiligte arme, kleine Streitobjekt ein wahrhaft salomonisches Urteil[94] gesprochen hat.
Die Piperkarcka *versteht nicht.* Wat jiebt denn?
Schierke Ruhe! – Komm Sie mit!

Frau Knobbe scheint die Sprache verloren zu haben. Sie steckt ihr Taschentuch in den Mund. Tief in ihrer Brust röchelt es. Schierke, die Kielbacke mit dem toten Kinde, gefolgt von Frau Knobbe und der Piperkarcka, ab. Man hört Gemurmel auf dem Flur.

Der Direktor kommt wieder, nachdem er hinter den Abgehenden die Tür verschlossen hat.

Direktor Hassenreuter Sic eunt fata hominum[95]. Erfinden Sie so was mal, guter Spitta!

---

94 Anspielung auf eine Erzählung des Alten Testaments, in der König Salomo den Streit zweier Frauen schlichtet, die jede ein Kind als das eigene beanspruchen (1. Könige 3, 16–28).
95 Lateinisch: So sind die Schicksale der Menschen.

Vierter Akt

Die Wohnung des Maurerpoliers John, wie im zweiten Akt. Es ist früh gegen acht Uhr sonntags.
Maurerpolier John befindet sich unsichtbar hinter dem Verschlage. Man kann aus seinem Planschen und Prusten entnehmen, dass er bei der Morgenwäsche ist. Quaquaro ist eben eingetreten und hat die Klinke der Flurtür in der Hand.

Quaquaro Sache ma, is deine Frau zu Hause, Paul?
John *hinterm Verschlag* Noch nich, Emil. Meine Frau is mit den Jungen bei meine verheirate Schwester in Hangelsberg. Will aber heut Morjen noch wiederkomm. – *John erscheint, sich abtrocknend, in der Tür des Verschlags.* Scheen juten Morgen, Emil!
Quaquaro Morjen, Paul!
John Na wat jibt et Neies? Ick bin vor 'ne halbe Stunde erst von de Bahn aus Hamburch jekomm.
Quaquaro Ick sah dir ins Haus jehn un Treppe ruffsteijen.
John *aufgeräumt.* Na ja, Emil, du bist eben so 'n richtijer Zerberus[96].
Quaquaro Sache ma, Paul: Wie lange is deine Frau mit det Kleene in Hangelsberg?
John I, det muss so um die acht Dache so rum sind, Emil. Wiste wat von ehr? Miete hat se doch woll richtig abjeführt. Ibrigens kann ick jleich kindigen, Emil. Denn et is nu soweit: wir ziehn an erschten Oktober. Ick ha Muttern nu endlich breit jekriecht, det wir aus det olle wachlige Staatsjebäude raus und in 'ne bessre Jejend ziehn.
Quaquaro Nach Altona wiste nu nich mehr zurick?
John Nee! Bleibe im Lande und nähre dir redlich! Ick jeh nich mehr auswärts! Nich in die Hand! – Schon erstlich: immer uff Schlafstelle[97] rumdricken! Und denn ooch jinger wird eener nich! De

---

[96] In der griechischen Mythologie dreiköpfiger Wachhund vor der Unterwelt, hier: strenger Wächter.
[97] Schlafplätze, die in Arbeiter- und Kleinbürgerwohnungen vermietet wurden.

Mädchens wolln ooch all nich mehr recht mehr so anbeißen ...
Nee nee, et is jut so, det ma det ewije Wanderleben zu Ende is.
Quaquaro Deine Frau hat et jut anjeschlachen, Paul.
John *gut gelaunt.* Na, junge Ehe, wo ebent erst Kindchen jekomm
is? Ick ha zum Meester jesacht: Ick bin jung verheiratet! Denn hat
er jefracht, ob meine erschte Frau jestorben is? O konträr! Janz
int Jejenteil, hab ick jeantwort: die is so lebendig und quietsch-
fidel, die hat sojar noch 'n quietschfidelen kleenen Berliner zu-
jekricht! – Wie ick heute morjen, Berlin-Hamburg-Stendal-Ülzen
zum letzten mal uff'n Lehrter Bahnhof mit mein janzes Zeug aus
de vierte Klasse jestiegen bin, hab ick 'n lieben Jott, der Deibel
hol mir! so alt wie ick bin, mit een Seufzer jedankt. Er wird ihm
wohl bei den Lärm uff'n Lehrter nich jeheert haben.

Quaquaro Haste jeheert, Paul, det drieben de Knobbe ihr Jüngstes
ooch wieder mit Dot abjejang is?

John Nee! Wie soll ick davon wat jeheert haben. Aber wenn et dot
is, denn is et doch jut, Emil. Als ick det Wurm vor acht Dache
jesehn habe, wo Krämpfe hatte und Selma jekomm is und ick
und Mutter haben ihm noch'n Löffel Zuckerwasser injejossen,
da war et doch schon reichlich reif for't Himmelreich.

Quaquaro Sache ma, haste denn von die Umstände jar nich jeheert, wie und wo det Kindchen zu Dode jekomm is?

John. Nee! – *Er zieht eine lange Tabakspfeife hinter dem Sofa hervor.* –
Wart ma! ick brenne mir erst mal 'ne Pipe an. Nee! Wo soll ick
davon wat jeheert haben.

Quaquaro Ich verwunder mir aber doch, det deine Frau dir nischt
von jeschrieben hat.

John I, mit Jette und mit die Knobbekinder is det, seit det mir 'n
eejnet Kind haben, bei Muttern uff eema wie abjeschnappt.

Quaquaro *lauernd.* Deine Frau wollte ja doch immer brennend
jerne 'n Sohn haben.

John Na det is ooch! Meenste woll etwa, ick nich? For wat rackert
eens denn? For wat schind ick mir denn? Det is doch wat anders,
wenn 'n scheenet rundet Stück Jeld for'n eejnen Sohn oder for
Schwesterkind uffjespart bleiben dut.

Quaquaro Weeste denn nich, det 'n fremdet Mädchen jekomm is,
Paul, und hat behauptet, det det Kind von de Knobbe jar nich ihr
eejnet, sondern det Kind von det fremde Mädchen jewesen is?

John Nanu? De Knobben und Kinderstehlen? Wenn't Mutter wär! Aber de Knobben doch nich. Sach ma, Emil, wat is denn det for 'ne Jeschichte?

Quaquaro Na, nu, d'r eene sagt so, d'r andre sagt so. De Knobbe sagt, det von een Komplott mit Dektektivs aus jewissen Kreise det kleene Balch nachjestellt worden is. Und et is nu ja ooch richtig janz festjestellt: Et war det Kind von de Knobben jewesen! – Kannst du mich irgendeenen Wink jeben, wo de letzten Dache dein Schwager is?

John Meenste dem Schlachtermeester in Hangelsberg?

Quaquaro I nee, durchaus nich, wat der Mann von deine Schwester, sondern von deine Frau der Bruder is.

John Da meenst du Brunon?

Quaquaro Jewiss doch.

John Na, noch wat, da kimmere ick mir noch wat eher drum, ob de Hunde noch immer bei Prellsteine[98] jehn. Von Brunon will ick weiter nischt wissen.

Quaquaro Heer mich ma zu, Paul! Ärjer dir nich! Nämlich uff Polizeistelle is bekannt, det Bruno mit det polnische Mächen, wo uff det Kindeken Anspruch machen wollte, jleich neulich hier vor de Haustür und dann ooch an eene jewisse Stelle von de Uferstraße, wo de Jerber de Felle wegschwimmen, jemeinsam jesichtet is. Nu ist det Mächen janz jänzlich verschwunden. Weiter wat Näheres weeß ick nu freilich nich! Bloß det se von Polizei wejen det Mächen suchen.

John *stellt entschlossen die lange Pfeife weg, die er sich angesteckt hatte.* Ick weeß nich, ick ha keen Justo heut Morjen! – Ick weeß nich, wat in mir jefahren hat, ick war so verjnügt wie'n Eckensteher[99]. Uff eemal is mich so kodderig[100] zumut, det ick an liebsten jleich wieder nach Hamburg mechte un jar nischt weiter heeren und sehn! – Wat kommst de denn mir, Emil, mit so 'ne Jeschichten?

Quaquaro Ick wollte dir man bloß bisskeen uffklären, wat inzwischen, wo ja du un wohl ja ooch deine Frau auswärts jewesen is, in deine Behausung jeschehn is.

John In meine Behausung?

---

98 Rinnsteine.
99 Volkstümliche Berliner Gestalt; Anspielung auf die Figur des »Eckensteher Nante« in den Gedichten von Adolf Glassbrenner.
100 Berlinerisch: übel.

IV. Akt

Quaquaro Det is ja! Jawoll! Selma hatte ja, heeßt et, det Knobbe'sche Jungchen in Kinderwachen hier rieberjeschoben, wo et det fremde Frauenzimmer mit ihre Begleitung aus deine Wohnung jenommen und wechjetragen hat. Oben bei de Kamedienspieler is se ja dann noch jlicklich jestellt worden.

John Wat is se?

Quaquaro Und da haben sich ooch de Knobbe un det fremde Mächen ieber det dote Kind bei de Haare jekricht.

John Wenn ick man wisste, wat mir det soll, Emil, wo doch alle Oojenblicke hier mit Frauenzimmer een Jewürge is. Lass se man kampeln[101]! Mir is det jleichjiltig! Nämlich, Emil, wenn da nich sonst wat dahinter is!?

Quaquaro Deshalb komm ick ja, Paul! Et is wat dahinter! Det Mächen hat nämlich mehrmals vor Zeujen ausjesacht: Erstlich, det Wurm von de Knobbe, det wär ihr Kind und det hätt se ausdricklich bei deine Frau, Paul, in de Fleje jejeben.

John *stutzt, lacht befreit.* Der pickt et[102]! Der is woll ma nich janz unwohl jeworden!

Erich Spitta kommt.

Spitta Guten Morgen, Herr John!

John Juten Morjen, Herr Spitta! – *Zu Quaquaro, der noch in der geöffneten Tür steht:* 's jut, Emil! Ick wer mir wissen zu richten nach. – *Quaquaro ab.* – *John fährt fort:* Nu sehn Se ma so'n Männeken, Herr Spitta! Mit een Fuß steht er in't Jefängnis, mit 'n andern is er Liebkind beim Bezirkskommissar uff't Polizeibüro! Und denn jeht er bei ehrliche Leute rumschnüffeln.

Spitta Hat Fräulein Walburga Hassenreuter nach mir gefragt, Herr John?

John Bis jetzt noch nich. Nee, det ick nich wisste! – *Er öffnet die Flurtür.* – Selma! – Entschuldjen Se mir ma'n Oojenblick! – Selma! – Ich muss ma det Mächen wat aushorchen.

Selma Knobbe kommt.

Selma *noch in der Tür.* Wat is?

John Mach ma de Tir zu, komm ma 'n bissken rin! Un nu sach mal, Mächen, wat det hier in de Stube mit dein kleenet verstorbenet Briderchen und mit det fremde Weibsbild jewesen is!

---

101 Berlinerisch: streiten.
102 Berlinerisch: die spinnt.

Selma *die, mit merkbar schlechtem Gewissen, lauernd näher getreten ist, jetzt sehr wortgewandt:* Ick hatte den Kinderwachen hier rieber jeschoben. Ihre Frau war nich da, und da dacht ick, det hier drieben, wo doch det Briderken sowieso krank war und immer schrie, det hier drieben bei Sie mehr Ruhe is. Nu kam een Herr un kam eene Dame un noch 'ne Frau kam uff eemal hier rin. Und denn ha'm se det Kindeken hier aus 'n Wachen raus, frische Wäsche jewickelt un mit fortjenomm.

John Und denn hat die Dame jesacht, et wär ihr Kind und se hätt et bei Muttern, als wie det meine Olle is, hätt se's, sagt se, in Fleje jejeben?

Selma *lügt.* I, jar keene Ahnung, da wisst ick wat von.

John *schlägt auf den Tisch.* Na zum Kreuzdonnerwetter, det wär ja ooch bleedsinnig!

Spitta Erlauben Sie mal, das hat sie gesagt: wenn nämlich von dem Vorfall zwischen den beiden Frauen oben bei Direktor Hassenreuter die Rede ist.

John Det haben Se mit anjesehn, Herr Spitta, wo de Knobben und de andere um det Würmchen jezerjelt[103] hat?

Spitta Allerdings. Das hab' ich mit angesehn.

Selma Weiter kann ick nischt sachen, und wenn mir ooch Schutzmann Schierke und meinswejen der lange Polizeileitnam janzem zwee Stunden und länger verhören dut. Ick weeß eben nischt. Ick kann eben nischt sachen.

John 'n Polizeileitnam hat dir ausjefracht?

Selma *knutscht*[104] Se wollen doch Maman in Kasten bringen, weil et Leute anjezeicht un jelogen haben, det unser Kindeken vahungert is.

John Ach so! – Na Selma, jeh, lass ma 'n Kaffee durchloofen! *Selma begibt sich an den Herd, wo sie den Kaffee für John zubereitet. John selbst geht an den Arbeitstisch, nimmt den Zirkel und zieht dann mit der Schiene einige Linien.*

Spitta *mit Überwindung.* Eigentlich hoffte ich Ihre Frau hier zu treffen, Herr John. Mir hat jemand gesagt, Ihre Frau hätte gegen Sicherheit mitunter kleine Beträge an Studenten geliehen. Ich bin nämlich in Verlegenheit.

---

103 Berlinerisch: gestritten.
104 Berlinerisch: gefühlvoll, mit falschem Pathos.

John Det mag sind. Aber det is Mutterns Sache, Herr Spitta.

Spitta Ganz offen gesagt, wenn ich bis heute Abend kein Geld schaffe, werden meine paar Bücher und Habseligkeiten von meiner Zimmerwirtin mit Beschlag belegt, und man setzt mich eigentlich auf die Straße.

John Ick denke, Ihr Vater ist Paster, Herr Spitta.

Spitta Das ist er. Aber gerade deshalb, und weil ich selber nicht Pastor werden mag, habe ich gestern Abend einen furchtbaren Krach mit meinem Vater gehabt. Ich werde von ihm keinen Pfennig mehr annehmen.

John *arbeitend.* Det jeschieht Vatern recht, wenn ick verhungern tu oder 'n Hals breche.

Spitta Ein Mensch wie ich wird nicht verhungern, Herr John. Geh' ich aber zugrunde, so ist mir's auch gleichgültig.

John Det jloobt eener nich, wat unter euch Studenten for ausjehungerte arme Ludersch sind. Aber keener will wat Reelles anfassen. – *Ferner Donner. John blickt durchs Fenster.* – Heute wird schwule. Et donnert schon.

Spitta Von mir dürfen Sie das nicht sagen, Herr John, dass ich etwas Reelles nicht anfassen möchte: Stunden geben! für Geschäfte Adressen schreiben! Ich habe das alles schon durchgemacht und damit, wie mit manchem anderen Versuch, nicht nur Tage, sondern auch Nächte um die Ohren geschlagen. Dabei hab' ich gebüffelt und Bücher gewälzt.

John Mensch, jeh nach Hamburg und lass dir als Maurer instellen! Wie ick so alt war wie Sie, ha ick in Altona in Akkord schon bis zwelf Mark täglich verdient.

Spitta Das mag sein. Aber ich bin Geistesarbeiter.

John Det kennt man.

Spitta So?! Mir scheint nicht, dass Sie das kennen, Herr John. Vergessen Sie aber bitte nicht: Ihre Herrn Bebel und Liebknecht[105] sind auch Geistesarbeiter.

John Na jut! Denn komm Se! Denn wollen wir man wenigstens frühstücken. Allens sieht sich janz andersch an, wenn det eener 'n Happenpappen jefrühstückt hat. Se haben woll noch nicht jefrühstückt Herr Spitta?

---

[105] August Bebel und Wilhelm Liebknecht waren führende Vertreter der deutschen Sozialdemokratie.

Spitta Nein, offen gestanden, heute noch nicht.
John Na denn machen Se man, det wat Warmes in Leib kriejen!
Spitta Das hat Zeit.
John I nee, Se sehen sehr vakatert aus. Und ick ha ooch die Nacht uff de Bahn jelejen. – *Zu Selma, die ein Leinwandsäckchen mit Semmeln hereingeholt hat.* – Bring ma schnell noch 'ne Tasse ran! *Er hat breit auf dem Sofa Platz genommen, tunkt Semmel ein und trinkt Kaffee.*
Spitta *der noch nicht Platz nimmt.* Eine Sommernacht bringt man doch lieber im Freien zu, wenn man im Übrigen doch nicht schlafen kann. Und ich habe nicht eine Minute geschlafen.
John Dem wollt ick ma sehn, der in Dalles[106] is und jut schlafen kann! Wer in Dalles is, hat ooch in Freien de meeste Jesellschaft. – *Er vergisst plötzlich zu kauen.* – Komm ma her, Selma, sache noch ma janz jenau, wie det mit det fremde Mädchen und det fremde Kind, det se hier aus de Stube jeholt hat, jewesen is!
Selma Ick weeß nich, det frächt mich 'n jeder, frächt mir Mama jetzt 'n lieben langen Dach! Ob ick Brunon Mechelke jesehn habe! Ob ick wissen soll, wer oben uff'n Boden bei de Kamediensspieler Kleider jestohlen hat! Wenn det so fortjeht ...
John *energisch.* Mädchen, wat haste nich Lärm jeschlagen, wie der Herr und det Freilein dir dein Brüderken aus'n Wachen jenommen hat?
Selma Jeschieht ihm ja nischt, dacht ick! Krist ma reene Wäsche.
John *fasst Selma beim Handgelenk.* Na nu komm ma mit, wollen ma rieber bei deine Mutter jehn.
John mit Selma an der Hand ab.
Sobald John verschwunden ist, fällt Spitta über das Frühstück her. Bald darauf erscheint Walburga. Sie ist in großer Eile und sehr aufgeregt.
Walburga Bist du allein?
Spitta Augenblicklich ja. Guten Morgen, Walburga!
Walburga Komm' ich zu spät? Ich habe mich ja nur mit allergrößter Schlauheit, mit der allergrößten Entschlossenheit, mit der allergrößten Rücksichtslosigkeit, komme was wolle, von Hause losgemacht. Meine jüngere Schwester hat mir die Tür vertreten. Das Dienstmädchen! Ich sagte aber zu Mama, wenn sie mich nicht durch das Entree hinausließen, so möchten sie nur die Fenster vergittern: sonst würde ich drei Stock hoch durchs Fens-

---

[106] Berlinerisch: pleite sein.

ter direkt auf die Straße gehen. Ich fliege. Ich bin mehr tot als lebendig. Aber ich bin zum Letzten bereit. Wie war es mit deinem Vater, Erich?

Spitta Wir sind auseinander. Er meinte, ich würde Treber fressen wie weiland der verlorene Sohn[107], und ich möchte mir ja nicht einfallen lassen, als Luftspringer oder Kunstreiter, wie er sich auszudrücken beliebt, jemals wieder die Schwelle des Vaterhauses betreten zu wollen. Für Gesindel öffne sich seine Haustür nicht. Ich werd's verwinden! Nur meine arme gute Mutter bedaure ich. – Du kannst dir nicht denken, mit welchem abgrundtiefen Hass ein solcher Mann gegen alles und alles, was mit dem Theater zusammenhängt, geladen ist! Der schrecklichste Fluch ist ihm nicht stark genug. Ein Schauspieler ist in seinen Augen von vornherein der allerverächtlichste, schlechteste Lumpenhund, der sich denken lässt.

Walburga Ich habe auch nun herausgekriegt, wie Papa dahinter gekommen ist.

Spitta Mein Vater hat ihm dein Bild gegeben.

Walburga Erich, Erich, wenn du wüsstest, mit welchen schrecklichen, mit welchen grauenvollen Ausdrücken mich Papa in der Wut überschüttet hat, und ich musste zu allem stillschweigen. Ich hätte ihm etwas sagen können, das hätte ihn vielleicht mit seinen Tiraden von hoher Moral stumm und hilflos vor mir gemacht. Beinahe wollt' ich es auch: doch ich schämte mich so entsetzlich für ihn! Meine Zunge versagte! Ich konnte nicht, Erich! Mama musste schließlich dazwischentreten. Er hat mich geschlagen. Er hat mich acht oder neun Stunden lang in den finsteren Alkoven[108] eingesperrt, um meinen Trotz zu brechen, wie er sagt, Erich. Nun, das gelingt ihm nicht, Erich! Er bricht ihn nicht.

Spitta *nimmt Walburga in den Arm.* Du Brave, du Tapfere! Siehst du, jetzt weiß ich erst, was ich an dir besitze, weiß ich erst, was für ein Schatz du eigentlich bist. – *Heiß.* Und wie schön du aussiehst, Walburga.

Walburga Nicht! Nicht! – Ich vertraue dir, Erich, weiter ist es doch nichts.

---

107 Anspielung auf das Gleichnis vom Verlorenen Sohn (Lukas 15f.).
108 Kleiner Nebenraum.

Spitta Und du sollst dich nicht täuschen, süße Walburga. Sieh mal, ein Mensch wie ich, in dem es gärt und der was Besonderes, Dunkles, Großes will, was er einstweilen noch nicht recht deutlich machen kann, hat mit zwanzig Jahren die ganze Welt gegen sich und ist aller Welt lästig und lächerlich. Aber glaub mir: einst wird das anders werden. In uns liegen die Keime. Der Boden lockert sich schon! Wir sind, wenn auch noch unterirdisch, die künftige Ernte! Wir sind die Zukunft! Die Zeit muss kommen, da wird die ganze weite, schöne Welt unser sein.

Walburga Sprich weiter, Erich, das ist mir so wohltätig!

Spitta Walburga, ich habe gestern Abend meinem Vater auch von der Leber weg die Anklage des Verbrechens an meiner Schwester ins Gesicht geschleudert. Das hat den Bruch unheilbar gemacht. Er sagte verstockt: von einer Tochter wie der von mir geschilderten wisse er nichts. Sie existiere in seiner Seele nicht, und wie es den Anschein habe, werde auch bald sein Sohn dort nicht mehr existieren. O diese Christen! O diese Diener des guten Hirten[109], der das verlorene Schaf doppelt zärtlich in seine Arme nahm! O du lieber Heiland, wie sind deine Worte verkehrt, deine ewigen Lehren in ihr Gegenteil umgefälscht worden. Aber als ich heute Nacht bei Donnerrollen und Wetterleuchten auf einer Bank im Tiergarten saß und gewisse Berliner Hyänen[110] um mich herumschlichen, da fühlte ich die ruhelose und zertretene Seele meiner Schwester neben mir. Wie oft mag sie selbst im Leben Nächte hindurch obdachlos auf solchen Bänken und vielleicht auf derselben Tiergartenbank gesessen haben, um in ihrer Verlassenheit, Ausgestoßenheit und Entwürdigung darüber nachzudenken, wie triefend von Menschenliebe, triefend von Christentum zweitausend Jahre nach Christi Geburt diese allerchristlichste Welt sich manifestiert. Aber was sie auch dachte, ich denke so: Die arme Dirne, die Sünderin, die vor neunundneunzig Gerechten geht[111], die von dem Drucke der Sünde der Welt belastet ist, die arme Aussätzige und ihre fürchterliche Anklage soll in meinem Inneren lebendig sein! Und alles Elend, allen Jammer der Gemisshandelten und Entrechteten werfen wir mit in die

---

109 Anspielung auf das Gleichnis vom Guten Hirten im Neuen Testament (Johannes 10,1–12/Lukas 15,1–7).
110 Umschreibung für Prostituierte.
111 Anspielung auf das Neue Testament (Lukas 15,7).

Flamme hinein! Und so soll die Schwester leben, Walburga, und soll Herrlicheres wirken vor Gott durch das Ethos, das meine Seele beflügelt, als die ganze kalte, herzlose böse Moralpfafferei der Welt vermag.

Walburga Du warst die Nacht im Tiergarten, Erich? Deshalb sind deine Finger noch so eiskalt, und du siehst so entsetzlich müde aus. Erich, du musst mein Portemonnaie nehmen! Erich! Nein, bitte, du musst! Ich versichere dich! Was mein ist, ist dein! Sonst liebst du mich nicht, Erich! Erich, du darbst! Wenn du meine paar Groschen nicht nimmst, verweigere ich zu Hause jede Nahrung – bei Gott, ich tu's –, bis du vernünftig wirst.

Spitta *würgt Tränen hinunter. Muss sich setzen.* Ich bin nur nervös. Ich bin abgespannt.

Walburga *steckt ihr Portemonnaie in seine Hosentasche.* Nun sieh mal, Erich, deshalb habe ich dich eigentlich hier zu Frau John bestellt. Zu allem Unglück bekomme ich gestern noch hier diese gerichtliche Vorladung.

Spitta *betrachtet ein Schriftstück, das sie ihm gereicht hat.* Du? Und weshalb denn das, sag mal, Walburga?

Walburga Ich bin mir sicher, dass es mit den gestohlenen Sachen auf dem Oberboden zusammenhängt. Aber es macht mich furchtbar unruhig. Wenn Papa das erfährt ... ja, was tu' ich dann?
Frau John, das Kind auf dem Arm, straßenmäßig angezogen, sehr gehetzt, sehr verstaubt, kommt herein.

Frau John *erschrocken, misstrauisch, halblaut.* Nu? Wat wollt ihr hier? Is Paul schon zu Hause? Ick war eben ma 'n bissken mit det Kindken uff de Jasse jejangn. *Sie trägt das Kind hinter den Verschlag.*

Walburga Bitte, Erich, sprich doch mal über meine Vorladung mit Frau John!

Frau John Paul is ja zu Hause, da liejen ja seine Sachen.

Spitta Fräulein Hassenreuter wollte Sie gern mal sprechen. Sie hat nämlich, wahrscheinlich wegen der gestohlenen Sachen, Sie wissen ja, auf dem Oberboden, eine gerichtliche Vorladung.

Frau John *tritt aus dem Verschlage.* Wat? Eene Vorladung ham Sie jekricht, Freilein Walburga? Na, denn nehm sich in Obacht! Ick spaße nich! Un fantasieren Se womeechlich von Schwarzen Mann!

Spitta Was Sie da sagen, Frau John, ist unverständlich.

Frau John *zur häuslichen Beschäftigung übergehend.* Habt ihr jeheert, det draußen in eene Laubenkolonie vor't Halle'sche Tor der Blitz heute Morjen Mann, Frau und 'n Mädchen von sieben unter eene hohe Pappel erschlagen hat?
Spitta Nein, Frau John.
Frau John Et pladdert schon wieder.
Man hört, wie ein Regenschauer niedergeht.
Walburga *ängstlich.* Komm, Erich, wir wollen trotzdem ins Freie gehn!
Frau John *lauter und lauter werdend.* Und wissen Se wat: Ick habe die Frau kurz vorher noch jesprochen, wo nachher vom Blitze erschlachen is. Die ha jesacht – nu heern Se ma zu, Herr Spitta –, een dotet Kindeken, det man in Kinderwachen legt und raus in die warme Sonne rickt – det muss aber Sommersonne und Mittagssonne sind, Herr Spitta! – det zieht Atem! det schreit! det is wieder lebendig! – Det jlooben Se nich? Wat? Det ha ick mit meine Oojen jesehn. *Sie geht in eigentümlicher Weise im Kreise herum, ohne scheinbar mehr etwas von der Gegenwart der beiden jungen Leute zu wissen.*
Walburga Du, die John ist unheimlich, komm!
Frau John *noch lauter.* Det jlooben Se nich, det det wieder lebendig is? Denn kann Mutter kommen und nehmen. Denn muss et jleich Brust kriejen.
Spitta Adieu, Frau John.
Frau John *noch lauter. Bringt seltsam aufgeregt die beiden jungen Leute bis zur Tür.* Sie jlooben det nich! Det is aber heilig[112] so, Herr Spitta. – *Spitta und Walburga ab. Frau John hält die Tür in der Hand, ruft noch auf den Flur hinaus.* Wer det nich jloobt, der weeß von det janze Jeheimnis, wo ick entdeckt habe, nischt.
Maurerpolier John steht in der Tür und tritt gleich darauf ein.
John I, da bist du ja, Mutter! Scheen willkomm! Von wat for'n Jeheimnis sprichst du denn?
Frau John *wie aufwachend, fasst sich an den Kopf.* Ick? – Ha ick denn von 'n Jeheimnis jesprochen?
John Na ick denke doch, wenn ick nich schwerheerig bin. Biste nu 'n Jeist oder bist et wirklich?
Frau John *befremdet, ängstlich.* Woso soll ick 'n Jeist sind?

---
112 Schlesisch: wirklich, sicher.

John *schlägt seine Frau gutmütig auf den Rücken.* Jette, beiß mir man nich! Ick freu mir ja reichlich desweejen, det de nu wieder mit dein Patenjeschenk bei mich bist! – *Er geht hinter den Verschlag.* – Er sieht aber 'n bissken miserich aus, Jette.

Frau John Et vertrug de Milch nich. Det kommt, weil draußen uff'n Lande de Kühe schon jrienet Futter kriejen. Hier von de vereinichte Molkerei ha ick wieder welche, wo trocken jefüttert is.

John *erscheint wieder.* Ick sag's ja, was biste erst mit det Kind uff de Bahn und raus aus de Stadt jeturnt! Ick spreche, die Stadt is an allerjesindsten.

Frau John Nu bleib ick ooch wieder zu Hause, Paul.

John In Altona, Jette, is ooch nu allet in't Reene jebracht. Jejen Mittag treff ick mit Karln zusamm, und denn will er mir sachen, wenn ick beim neuen Meester antreten kann! – Hör ma: Ich ha ooch was mitjebracht. *Er schüttelt eine kleine Kinderklapper, die er aus der Hosentasche nimmt.*

Frau John Wat denn?

John Det Leben wird in de Kinderstube, weil et doch in Berlin manchma immer 'n bissken zu stille is! – Horch ma, wie't kräht! – *Man hört das Kindchen allerlei vergnügte Geräusche machen.* Nee, Mutter, wenn so 'n Kindeken kräht, dafür jeb ick Amerika.

Frau John Haste schonn jemand jesprochen, Paul?

John Nee! – Ick ha hechstens heut morjen Quaquaron jesprochen.

Frau John *scheu, gespannt.* Nu, und?

John I, lass man, jar nischt, et war weiter nischt.

Frau John *wie vorher.* Wat er jesacht?

John Wat soll er jesacht haben? – Na, wenn de schon keene Ruhe jeben dust – wat soll det nitzen an Sonntag Morjen? –, er hat mir ma wieder nach Brunon jefracht.

Frau John *hastig und bleich.* Wat soll denn Bruno wieder jemacht haben?

John Jar nischt! – Hier komm und trink 'n Schluck Kaffee, Jette, und ärjer dir nich! – Wat kannste de dafür, wenn eeener so 'n sauberet Brüderken hat? – Wat brauchen wir uns um andre bekimmern?

Frau John Det mecht ick wissen, wat so 'ne olle dussliche Dromlade[113], wo 'n janzen Tag spionieren dut, immer von Brunon zu quasseln hat.

---

113 Berlinerisch: dummer Mensch.

John Jette, mit Brunon lass mir in Frieden! – Sieh ma ... i wat denn? ... lieber nich! ... Aber wenn ick da wieder wat sollte von sachen: Det soll mir nich wundern, wo mit Bruno ma lejentlich in Jefängnishof, haste nich jesehn, ma 'n schnellet Ende is. – *Frau John lässt sich am Tisch nieder, wird grau im Gesicht, stützt sich auf beide Ellbogen und atmet schwer.* – Vielleicht ooch nich! Nimm et dir man nich jleich so zu Herzen! – Wat macht denn de Schwester?

Frau John Ick weeß et nich.

John Na ick denke, de bist bei se draußen jewesen.

Frau John *sieht ihn geistesabwesend an.* Wo bin ick jewesen?

John Siehste woll, Jette, det is mit euch Weiber! De schudderst ja! Bein Arzt und bein Doktor wiste nich hinjehn. Womeechlich det de noch nachträglich zum Liejen kommst. Det is, wenn eens die Natur vernachlässigt.

Frau John *fällt ihrem Mann um den Hals.* Paul, du wirst mir verlassen! Jott im Himmel, Paul, sach et, sach et bloß, tu mir nich hinters Licht fihren! Sach et! Fihr mir nich hinters Licht.

John Wat is mit dich heute los, Henerjette?

Frau John *plötzlich verändert.* Hör man nich druff, Paul, wat ick so herschwatze. Ick ha wieder die Nacht keene Ruhe jehat! Und denn war ick früh uff, und denn is et nich anders, als wie det ick 'n bissken von Kräfte bin.

John Denn leg dir man lang und ruh dir 'n bissken. – *Frau John wirft sich lang auf das Sofa und starrt gegen die Decke.* – Kannst dir dann ooch ma 'n bissken kämmen, Jette! Uff de Bahn war et wohl sehr staubig jewesen, det de so ieber und ieber mit Sand injepulvert bist? – *Frau John antwortet nicht, sie starrt gegen die Decke.* – Ick muss ma det Bengelchen 'n bissken an't Licht holen. *Er begibt sich hinter den Verschlag.*

Frau John Wie lange sind wir verheirat, Paul?

John *die Kinderklapper geht hinterm Verschlag, dann.* Det war achtzehnhundertzweeundsiebzig, jleich wie ick bin aus'n Kriege jekomm.

Frau John Nich, denn kamst de zu Vater hin? – und denn hast de in Positur jestanden? – und denn hast de't Eiserne Kreuz[114] an de linke Brust jehat.

---

114 Orden, der für besondere Tapferkeit im Krieg verliehen wurde.

John *erscheint, das Kind im Steckkissen auf dem Arme, die Kinderklapper schwingend. Er sagt lustig.* Jawoll! Det ha ick ooch heute noch, Mutter! Und wenn de't sehn willst, denn stech ick's mir an.

Frau John *noch immer lang ausgestreckt.* Und dann kamst de zu mich, und denn hast de jesacht: ick sollte nich immer so fleißig ... nich immer so hin und her, treppuff, treppab ... ick sollte man 'n bissken pomadich sind.

John Det sach ick so jut ooch heute noch, Jette.

Frau John Und denn haste mir mit dein Schnurrbart jekitzelt und hast mir links hinter't Ohr jeküsst! – Und denn ...

John Denn sind wir wohl einig jeworden?

Frau John Denn ha ick jelacht und ha mir nach und nach, apee apee[115] von oben bis unten in alle Uniformknöppe abjespiejelt. Und da ha ick noch anders ausjesehn! – Und denn haste jesacht ...

John I Mutter, de kannst dir wahrhaftig sehn lassen, det jloobt eener nich, wat du for'n Jedächtnis hast.

Frau John Und denn haste jesacht: Wenn ick nu bald 'n Jungen krieje, der soll ooch ma mit Jott für Keenich und Vaterland und Wacht am Rhein[116] hinter de Fahne her zu Felde ziehn.

John *singt, über das Kindchen, zur Klapper.*
  Er blickt hinauf in Himmels Aun,
  wo Heldenväter niederschaun:
  zum Rhein, zum Rhein, zum deutschen Rhein! ...
Nu ha ick so'n Kerlchen, und nun bin ick wahrhaftig jar nich so wilde druff, det ick ihm mechte womeechlich als Kanonenfutter in Krieg schicken. *Er geht mit dem Kindchen in den Verschlag.*

Frau John *wie vorher.* Paulicken, Paulicken, det allens is hundert Jahre her!

John *kommt, ohne das Kind, wieder aus dem Verschlag.* Janz so lange woll doch nich, Jette.

Frau John Sach ma, wie wär det? Du nähmst mir mit und jingst mit mich und mein Kindeken jingst du fort nach Amerika?

John Na nu heer ma, Jette: Wat is mit dich? Wat ist det? Bin ick

---

115 Verballhornung von peu à peu, d. h. nach und nach.
116 Populäres antifranzösisches Schlachtlied aus dem deutsch-französischen Krieg 1870/71.

denn hier von Jespenster umjeben? Du weeßt, det ick uff'n Bau, und wenn de Arbeeter mit Klamotten[117] iebereinander her sind, ieberhaupt mir nich uffreje und, wat se mir nennen, Paul is immer jemitlich, bin! Aber nu: Wat is det? De Sonne scheint, et is helllichter Tag! Ick weeß nich: sehen kann ick et nich! Det kichert, det wispert, det kommt jeschlichen, und wenn ick nach jreife, denn is et nischt. Nu will ick ma wissen, wat an die Jeschichte mit det fremde Mädchen hier in de Stube Wahret is!

Frau John Paul, du hast jeheert, det Freilein is ieberhaupt jar nich mehr wiederjekomm. Da draus kannst de sehn ...

John Det sachst de zu mich mit blaue Lippen und machst Augen, wie wennste jerädert bist.

Frau John *verändert.* Jawoll! Wat lässte mir jahrelang alleene, Paul, wo ick in mein Käfije sitzen muss und keen Mensch nich is, mir ma auszusprechen? Manch liebet Mal hab ick hier jesessen und jefracht, warum det ick immer rackern du, warum det mir abdarbe, Jroschens mühsam zusammenscharre, dein Verdienst just anleje und wie ick uf jede Art wat zuzuverdien mir abjrübeln du. Warum denn? Det soll allens for fremde Leite sind? Paul, du hast mir zujrunde jerichtet!

Sie legt den Kopf auf den Tisch und bricht in Schluchzen aus. In diesem Augenblick ist, katzenartig leise, Bruno Mechelke eingetreten. Er hat seine Sonntagskluft an, hat Flieder an der Mütze und einen großen Fliederzweig in der Hand. John trommelt ans Fenster und bemerkt ihn nicht.

Frau John *hat Bruno wie eine Geistererscheinung nach und nach ins Auge gefasst.* Bruno, bist du's?

Bruno *der blitzschnell den Maurerpolier erkannt hat, leise.* Na jewiss doch, Jette.

Frau John Wo kommst de denn her? Wat wiste denn?

Bruno Na, ick hab de Nacht durchjescherbelt[118], Jette. Det siehste doch, det ick bei jute Laune bin.

John *hat Bruno bis jetzt unverwandt angesehen, wobei eine gefährliche Blässe sein Gesicht überzogen hat. Jetzt geht er langsam zu einem kleinen Schrank und zieht einen alten Kommissrevolver hervor, den er ladet. Dies wird von Frau John nicht beobachtet.* Du! Hör mal! Nu will ick dir ma wat sachen – wat, wat de vielleicht verjessen hast –, det de

---

117 Berlinerisch: Steine.
118 Berlinerisch: durchgetanzt.

weiter nu keene Ausrede hast, wenn ick det Dinges hier uff dir abdricke! – Du Lump! Unter Menschen jeheerst du nich! Ick ha dir jesacht, det ick dir niederknalle, det war vorichten Herbst, wo du mich jemals wieder uff meine Schwelle unter de Oogen trittst. – Nu je! Sonst kracht et! Haste de verstanden?

Bruno Vor deine Mussspritze[119] furcht ick mir nich.

Frau John *die bemerkt, dass John, seiner selbst nicht mächtig, den Revolver langsam gegen Bruno erhebt.* Denn mach mir dot, Paul! Et is mein Bruder!

Sie ist John in den Arm gefallen, sodass sein Revolver gegen sie gerichtet ist.

John *sieht sie lange an, scheint zu erwachen, wird anderen Sinnes.* Jut! *Er legt den Revolver wieder sorgfältig in das Schränkchen.* – Hast ooch recht, Jette! – Pfui Deibel, Jette, det dein Name ooch in de Fresse von so 'n Schubiack[120] is! Jut! Det Pulver wär ooch zu schade! Det Dinges hat Blut von zwee franzesche Reiter jekost! Zwee Helden! Nu soll et am Ende Dreck saufen.

Bruno Det kann immer sind, det Dreck in dein Schädel is! Und wenn du nich jerade, det de bei meine Schwester uff Schlafstelle wärscht, denn hätt ick dir wol ma wat Luft jemacht, Rotzjunge, det de häst vierzehn Dache 't Loofen jekricht.

John *gewaltsam ruhig.* Sach noch ma, Jette, det det dein Bruder is!

Frau John Paul, jeh man, ick wer ihm schon wieder fortschaffen! Det weeßt de doch, det ick et nu ma doch nich ändern kann, det Bruno von mich der Bruder is.

John Na, denn bin ick hier iebrig, denn schnäbelt euch man! – *Er ist fertig gekleidet und schickt sich zum Gehen an. Dicht bei Bruno steht er still.* – Schuft! du hast deinem Vater im Jrabe jeärgert! Deine Schwester hätte dir sollen hinterm Zaune in Jraben verhungern lassen, statt jroßjezogen, und det eene Lumpenkanaille mehr uff de Erde is. In eene halbe Stunde komm ick zurück. Aber nich alleene! Ick komm mit'n Wachmeester! *John geht durch die Flurtür ab, seinen Kalabreser aufstülpend. Bruno wendet sich, sowie John hinaus ist, und spuckt ihm nach, gegen die Eingangstür.*

Bruno Wenn ick dir ma in de Wuhlheide[121] hätte!

---

119 Gaunersprache: Revolver.
120 Umgangssprachlich: Lump.
121 Wald im Südosten Berlins.

Frau John Woso kommste nu, Bruno? Sache, wat is!

Bruno Pinke musste mich jeben, sonst jeh ick verschütt[122], Jette.

Frau John *verschließt und verriegelt die Flurtür.* Wacht ma, ick schließe die Diere zu! – Nanu, wat is? Wo kommste her? Wo biste jewesen?

Bruno Jetanzt ha ick, Jette, de halbe Nacht, und denn wa' ick 'n bissken jejen Morjenjrauen in't Jrüne jejang.

Frau John Hat dir Quaquaro sehn reinkomm, Bruno? Denn nimm dir in Obacht, det de nich in de Falle sitzt!

Bruno I Jott bewahre. Ick bin iebern Hof, denn bei mein Freind durch'n Knochenkeller und hernach iebern Oberboden rinjekomm.

Frau John Na? Und wat is nu jewesen, Bruno?

Bruno Wuddel nich,[123] Jette! Jieb Reisejeld! Ick jeh verschütt, oder ick muss abtippeln.

Frau John Und wat haste nu mit det Mädchen jemacht?

Bruno I, et hat Rat jejeben[124], Jette.

Frau John Wat heeßt det?

Bruno Ick ha ihr soweit wenigstens bissken jefiege jemacht.

Frau John Und det se nich wiederkommt, is nu sicher!

Bruno Jawoll! Det se nu nochma kommt, jloob ick nich! Aber det wa keen leichtet Stick Arbeet, Jette. Du hast mich mit deine verdammte Pillenkrajerei[125] – ick ha Durscht, Jette, jieb mich zu saufen, Jette! – hast du mir kochend heeß jemacht. *Er trinkt eine Wasserflasche leer.*

Frau John Se haben dir vor de Diere jesehn mit det Mächen.

Bruno Ick ha mir mit Artur verabred, Jette. Von mich wollt se nischt wissen. Denn is Artur in feine Kluft anjetänzelt jekomm und hat ihr ooch richtig verschleppt in Bolljongkeller. Det hat se jejloobt, uff dem Leim is se jekrochen, det ihr Breitjam dort warten tut! *Er trällert und tänzelt krampfhaft.*

> Unser janzet Leben lang
> von det eene Ristorang
> in det andre Ristorang!

---

122 Gaunersprache: werde ich verhaftet.
123 Gaunersprache: red nicht herum.
124 Umgangssprachlich: es hat sich eine Lösung gefunden.
125 Gaunersprache: Prostituierte, die eine Schwangerschaft vortäuscht.

Frau John Na und denn?

Bruno Denn wollt se fort, weil Adolf jesacht hat, det ihr Breitjam jejangen is! Denn ha ick wollen ihr noch 'n Stickchen bejleiten, Artur und Adolf sind mitjejang. Denn sind wir bei Kalinich in de Hinterstube injefallen, und denn is se ja ooch von den vielen Nippen an Groch und Schnäpse molum[126] jeworn. Und denn hat se in'n Bullenwinkel[127] bei eene jenächtigt, wo Arturn seine Jeliebte is. Den nächsten Dach sind wir immer zwee, drei Jungs hinterher jewesen, nich losjelassen, immer von frischen Quinten[128] jemacht, und in de Schublade[129] is et ja nu ooch lustig zujejang. – *Die Kirchenglocken des Sonntagmorgens beginnen zu läuten. – Bruno fährt fort* – Aber 't Jeld is futsch. Ick brauche Märker und Pfenniche, Jette.

Frau John *kramt nach Geld.* Wie viel musste haben?

Bruno *lauscht den Glocken.* Wat denn?

Frau John Jeld!

Bruno Der olle Verkümmler[130] unten in Knochenkeller meent, det ick an liebsten muss ieber de russische Jrenze jehn! – Her ma, Jette, de Jlocken läuten!

Frau John Weshalb musste denn ieber de Jrenze jehn?

Bruno Nimm ma 'n nasses Handtuch, Jette, un du ooch 'n bissken Essig druff. Ick weeß nich, wat mich det Nasenbluten janze Nacht schon jeärgert hat. *Er drückt sein Taschentuch an die Nase.*

Frau John *holt ein Handtuch, atmet krampfhaft.* Wer hat dir an Handjelenk so 'ne Striemen jekratzt, Bruno?

Bruno *lauscht den Glocken.* Heute morjen halb viere hätt se det Jlockenläuten noch heeren jekonnt.

Frau John O Jesus, mein Heiland, det is ja nich wahr! Det kann ja nich menschenmeechlich sein! Det ha ick dir nich jeheeßen, Bruno! Bruno! Ick muss mir setzen, Bruno. – *Sie tut es.* – Det hat ja Vater noch uff'n Sterbette zu mich vorausjesacht.

Bruno Mit Brunon is nich zu spaßen, Jette. Wenn de zu Minnan hinjehst, denn sache, det ick ma ooch uff sowat vastehe und det mit Karln und Fritzen det Jehänsel 'n Ende hat.

---

126 Gaunersprache: betrunken geworden.
127 Berüchtigte Ecke im Zentrum Berlins.
128 Gaunersprache: Täuschung, Betrug.
129 Gaunersprache: Bezeichnung für weibliches Geschlechtsorgan.
130 Gaunersprache: Hehler.

Frau John Bruno, wenn se dir aber festsetzen.

Bruno Na jut, denn mache ick Bammelmann[131], und denn ha'm se uff Charité[132] wieder ma wat zum Sezieren.

Frau John *gibt ihm Geld.* Det is ja nich wahr! Wat hast du jetan, Bruno?

Bruno Du bist 'ne olle vadrehte Person, Jette. *Er fasst sie nicht ohne Gemütsanwandlung.* Ihr sagt immer, det ick zu jar nischt nitze bin, aber wenn't jar nich mehr jeht, denn braucht ihr mir, Jette.

Frau John Na, und wie denn? Haste den Mädchen jedroht, det se soll nich mehr blicken lassen? – Det haste jesollt, Bruno. Haste det nich?

Bruno De halbe Nacht hab ick mit ihr jetanzt. Nu sind wir uff de Straße jejang. Denn war 'n Herr mitjekomm, vastehste! Und wie det ick jesacht habe, de tick von meinsweejen mit die Dame 'n Hihnchen zu pflicken habe und 'n Schneiderring aus de Bucksen[133] jezogen, hat er natierlich Reißaus jenomm. – Nu ha ick zu ihr jesacht: ängsten sich nich, Freilein! wo jutwillig sind und wo keen Lärm schlachen und nie nich mehr bei meine Schwester nachfrachen nach ihr Kind, soll allet janz jietlich in juten vereinigt sind! Und denn is se mit mich jejondelt 'n Sticksken.

Frau John Na und?

Bruno Na und? – Und da wollte se nich! – Und da fuhr se mit eemal nach meine Jurjel, det ick denke ... wie 'n Beller, der toll jeworden is! und hat noch Saft in de Knochen jehat ... det ick jleich denke, det ick soll alle werden! Na, und da ... da war ick nu ooch 'n bissken frisch – und denn war et – denn war et halt so jekomm.

Frau John *in Grauen versunken.* Um welche Zeit war et?

Bruno So rum zwischen vier und drei. Der Mond hat 'n jroßen Hof jehat. Uff'n Zimmerplatz hinter de Planken is een Luder von Hund immer ruffjesprung und anjeschlagen. Denn dreppelte et, und denn is 'n Jewitter niederjejang.

Frau John *verändert, gefasst.* 's jut! Nu jeh! Die verdient et nich besser.

Bruno Atje! Na nu sehn wa uns ville Jahre nich.

---

131 Gaunersprache: dann werde ich gehängt.
132 Bekanntes Berliner Krankenhaus.
133 Gaunersprache: das Messer aus der Tasche ziehen.

IV. Akt

Frau John Wo wiste denn hin?
Bruno Erst muss ick ma Stunde zwee längelang uff'n Ricken liejen. Ick ooch! Ick jeh zu Fritzen, wo eene Kammer in't olle Polizeijefängnis jejenieber de Fischerbrücke zu Miete hat. Dort bin ick sicher. Wo Uffstoß[134] is, kannste mich Nachrich zukomm lassen.
Frau John Wiste det Kindeken noch ma ankieken?
Bruno *zittert.* Nee.
Frau John Warum nich?
Bruno Nee, Jette, in diesen Leben nich! Atje, Jette! – Wacht ma, Jette: hier is noch 'n Hufeisen! – *Er legt ein Hufeisen auf den Tisch.* – Det ha ick jefunden! Det bringt Glick! Ick brauche ihm nich.
Bruno Mechelke, katzenartig, wie er gekommen, ab. Frau John blickt mit entsetzt aufgerissenen Augen nach der Stelle, wo er verschwunden ist, wankt dann einige Schritte zurück, presst die wie zum Gebet verkrampften Hände gegen den Mund und sinkt in sich zusammen, immer mit dem vergeblichen Versuch, Gebetsworte gegen den Himmel zu richten.
Frau John Ick bin keen Merder! Ick bin keen Merder! Det wollt ick nich!

---

[134] Gaunersprache: überraschendes Ereignis, Störung.

Fünfter Akt

Zimmer bei Johns. Frau John liegt schlafend auf dem Sofa. Walburga und Spitta treten vom Flur her ein. Man vernimmt von der Straße herauf laute Militärmusik.

Spitta Es ist niemand hier.
Walburga Frau John! Doch, Erich! Hier liegt ja Frau John!
Spitta *mit Walburga an das Sofa tretend.* Schläft sie? Wahrhaftig! Das begreife einer, wie man bei diesem Lärm schlafen kann. – *Die Militärmusik ist verklungen.*
Walburga Ach Erich, pst! Diese Frau ist mir grausenvoll. Verstehst du denn übrigens, weshalb unten am Eingang Polizeiposten stehn, und weshalb sie uns nicht auf die Straße lassen? Ich hab' eine solche furchtbare Angst, dass man womöglich arretiert wird und mit zur Wache muss.
Spitta Aber gar keine Idee! Du siehst ja Gespenster, Walburga.
Walburga Als der Mann in Zivil auf dich zutrat und uns anblickte und du ihn fragtest, wer er sei, und er seine Legitimationsmarke aus der Tasche nahm, wahrhaftig, da fing sich Treppe und Flur auf einmal um mich im Kreise zu drehen an.
Spitta Sie suchen einen Verbrecher, Walburga. Das ist eben eine sogenannte Razzia, eine Art Kesseltreiben auf Menschen, wie die Kriminalpolizei sie zuweilen veranstalten muss.
Walburga Und außerdem kannst du mir glauben, Erich, ich habe Papans Stimme gehört, der laut mit jemand geredet hat.
Spitta Du bist nervös. Du kannst dich getäuscht haben.
Walburga *die John spricht im Schlaf, Walburga erschrickt.* Horch mal, die John!
Spitta Große Schweißtropfen stehen ihr auf der Stirn. Komm mal, sieh mal das alte rostige Hufeisen, das sie mit beiden Händen umklammert hat!
Walburga *horcht und erschrickt wieder.* Papa!
Spitta Ich verstehe dich nicht. Lass ihn doch kommen, Walburga! Die Hauptsache ist, dass man weiß, was man will, und dass man ein reines Gewissen hat. Ich bin bereit. Ich ersehne die Aussprache. *Es wird laut an die Tür geklopft. Spitta, fest.* Herein!

Frau Direktor Hassenreuter erscheint, mehr als sonst außer Atem. Über ihr Gesicht geht ein Ausdruck der Befreiung, als sie ihrer Tochter ansichtig wird.

Frau Direktor Hassenreuter Gott sei gelobt! Da seid ihr ja, Kinder. – *Walburga flieht zitternd in ihre Arme.* – Mädel, wie du deine alte Mutter geängstet hast! –
Längeres Atmen und Stillschweigen.
Walburga Verzeih, Mama: ich konnte nicht anders.
Frau Direktor Hassenreuter Nein! Solche Briefe mit solchen Gedanken schreibt man an eine Mutter nicht. Besonders an eine Mutter wie mich nicht, Walburga! Hast du Seelennöte, so weißt du auch, dass du mich noch immer mit Rat und Tat dir zu Seite hast. Ich bin kein Unmensch und auch früher mal jung gewesen. Aber ins Wasser springen … ins Wasser springen und so dergleichen, mit solchen Drohungen spielt man nicht. Ich habe doch hoffentlich recht, Herr Spitta. Und nun auf der Stelle – wie seht ihr denn aus? –, auf der Stelle kommt mit mir beide nach Hause mit! – Was hat denn Frau John?
Walburga Ja, hilf uns! Steh uns bei! Nimm uns mit, Mama! Ich bin so froh, dass du da bist. Ich hab' plötzlich eine so lähmende Angst gehabt.
Frau Direktor Hassenreuter Also kommt, das wäre noch schöner, dass man sich von Ihnen, Herr Spitta, und diesem Kinde solcher verzweifelter Torheiten zu gewärtigen hat. Man hat Mut in Ihren Jahren! Man verfällt nicht auf Ausflüchte, wenn alles nicht gleich nach dem Schnürchen geht, bei denen man nur – man lebt ja nur einmal – zu verlieren und nichts zu gewinnnen hat.
Spitta Oh, ich habe Mut! Ich denke auch nicht daran, etwa als Lebensmüder feige zu endigen – außer wenn mir Walburga verweigert wird. Dann freilich ist mein Entschluss gefasst! Dass ich vorläufig arm bin und meine Suppe hie und da in der Volksküche[135] essen muss, untergräbt meinen Glauben an mich und eine bessere Zukunft nicht. Auch Walburga ist sicherlich überzeugt, es muss ein Tag kommen, der uns für alle trüben und schweren Stunden entschädigt.
Frau Direktor Hassenreuter Das Leben ist lang. Und ihr seid heut noch Kinder. Es ist vielleicht nicht so schlimm, wenn ein Stu-

---

135 Lokale, in denen für die arme Bevölkerung billig Essen ausgegeben wurde.

dent oder Kandidat in der Volksküche essen muss. Für Walburga als Ehefrau wäre das ärger. Und ich möchte doch für euch beide hoffen, dass da erst etwas vorher wie ein eigner Herd mit dem nötigen Holz und der nötigen Kohle und so weiter geschaffen wird. Im Übrigen habe ich bei Papa eine Art Waffenstillstand für euch ausgewirkt. Es war nicht leicht und wäre vielleicht unmöglich gewesen, wenn nicht die Morgenpost seine definitive Ernennung und Wahl zum Direktor in Straßburg gebracht hätte.

Walburga *freudig.* Mama! ach Mama! Das ist ja ein Sonnenblick.
Frau John *hat sich mit einem Ruck emporgerichtet.* Bruno!
Frau Direktor Hassenreuter *entschuldigend.* Wir haben Sie aufgeweckt, Frau John.
Frau John Is Bruno wech?
Frau Direktor Hassenreuter Wer? Welcher Bruno?
Frau John Na Bruno! Kenn Se denn Brunon nich?
Frau Direktor Hassenreuter Richtig, so heißt ja Ihr jüngerer Bruder.
Frau John Ha ick jeschlafen?
Spitta Fest! Aber Sie haben eben im Schlaf laut aufgeschrien, Frau John.
Frau John Ham Se jesehn, Herr Spitta, wo Jungs in Hof ... ham Se jesehn, wo Jungs in Hof Adelbertchen sein Jräbken jesteenicht ham? Aber ick war zwischen, wat? Und da rechts und links jar nich schlecht Maulschellen ausjeteilt.
Frau Direktor Hassenreuter Demnach haben Sie also von Ihrem ersten verstorbenen Kindchen geträumt, Frau John?
Frau John Nee, nee, det war wahr, ick ha nich jeträumt, Frau Direkter. Und denn jing ick mit Adelbertchen, jing ick bein Standesbeamten hin.
Frau Direktor Hassenreuter Aber wenn Adelbertchen nicht mehr am Leben ist ... wie können Sie denn ...
Frau John I, wenn een Kindchen meinsweejen jeboren is, denn is et jedennoch noch in de Mutter, und wenn es meinsweejen jestorben is, denn is et immer noch in de Mutter. Ham Se den Hund jeheert hintern Plankenzaun? Der Mond hat'n jroßen Hof jehat! Bruno, du jehst uff schlechte Weeje.
Frau Direktor Hassenreuter *rüttelt Frau John.* Wachen Sie auf, gute Frau John! Frau John! Sie sind krank! Ihr Mann soll mit Ihnen zum Arzte gehen.

V. Akt

Frau John Bruno, du jehst uff schlechte Weeje. – *Die Glocken beginnen wieder zu läuten.* – Sind det de Jlocken?
Frau Direktor Hassenreuter Der Gottesdienst ist zu Ende, Frau John.
Frau John *erwacht völlig, starrt um sich.* Warum wach ick denn uff? Warum habt ihr mir denn in Schlaf nich mit de Axt iebern Kopp jehaut? – – Wat ha ick jesacht? Pst! Bloß zu niemand een Sterbenswort, Frau Direktor! –
Sie ist aufgesprungen und ordnet ihr Haar mit vielen Haarnadeln.
Der Direktor erscheint durch die Flurtür.
Direktor Hassenreuter *stutzt beim Anblick der Seinigen.* Sieh da, sieh da, Timotheus, die Kraniche des Ibykus[136]! – Sagten Sie nicht, es wohne hier ganz in der Nähe ein Spediteur, Frau John? – *Zu Walburga.* Jawohl, mein Kind, während du in deinem jugendlichen Leichtsinn auf dein Vergnügen und wieder auf dein Vergnügen denkst, ist dein Papa schon wieder drei Stunden lang in Geschäften herumgelaufen. – *Zu Spitta.* Sie würden es nicht so eilig haben, junger Mann, eine Familie zu begründen, wenn Sie auch nur die geringste Ahnung davon hätten, wie schwer es ist, es durchzusetzen, von Tag zu Tag mit Weib und Kind wenigstens nicht ohne das elende und verschimmelte bisschen tägliches Brot dazustehn. Möge das Schicksal jeden davor bewahren, sich eines Tages mittellos in die Subura[137] Berlins geschleudert zu finden, um mit andern Verzweifelten, Brust an Brust, in unterirdischen Löchern und Röhren um das nackte Leben für sich und die Seinen zu ringen. Gratuliert mir! In acht Tagen sind wir in Straßburg. – *Frau Direktor, Walburga und Spitta drücken ihm die Hand.* – Alles Übrige findet sich.
Frau Direktor Hassenreuter Papa, du hast wirklich für uns, und zwar ohne dir etwas zu vergeben, die Jahre einen heroischen Kampf gekämpft.
Direktor Hassenreuter Wie bei Schiffbruch, wenn der Kampf um die Balken im Wasser beginnt. Meine edlen Kostüme, gemacht, um die Träume der Dichter zu veranschaulichen, in welchen Lasterhöhlen, auf welchen schwitzenden Leibern haben sie nicht – odi profanum vulgus[138] –, damit nur der Groschen Leihgebühr

---
136 Zitat aus Schillers Ballade »Die Kraniche des Ibykus«.
137 Verrufener Stadtteil im alten Rom.
138 Lateinisch: »Ich hasse das gemeine Volk«; geflügeltes Wort nach Horaz.

im Kasten klang, ihre Nächte zugebracht! Sessa! Wenden wir uns zu heiteren Bildern! Der Rollwagen, alias Thespiskarren[139], ist schon angeschirrt, um den Transport unserer Penaten[140] in hoffentlich glücklichere Gefilde zu bewerkstelligen. – *Plötzlich zu Spitta.* Und dass ihr beide nicht etwa aus sogenannter Verzweiflung irreparable Dummheiten macht, darauf verlang' ich Ihr Ehrenwort, werter Herr Spitta. Zur Kompensation verspreche ich Ihnen, jeder wirklich vernünftigen Äußerung Ihrerseits gegenüber nicht taub zu sein. – Im Übrigen komme ich zu Frau John: erstlich, weil Schutzleute in den Eingängen niemanden auf die Straße lassen, ferner, weil ich gerne von Ihnen wissen will, weshalb ein Mann wie ich, gerade in diesem Augenblick, wo seine Wimpel wieder flattern, Gegenstand einer niederträchtigen Zeitungskampagne geworden ist.

Frau Direktor Hassenreuter Lieber Harro, Frau John versteht dich nicht.

Direktor Hassenreuter Dann wollen wir also ab ovo[141] anfangen. Hier habe ich Briefe – *er zeigt einen Stoß Briefschaften* –, eins, zwei, drei, fünf, zirka ein Dutzend Stück! Darin wird mir in boshafter Weise von Unbekannten zu einem Ereignis gratuliert, das angeblich oben auf meinem Magazinboden vor sich gegangen ist. Ich würde die Sache nicht beachten, wenn nicht gleichzeitig diese Lokalnotiz, wonach in der Bodenkammer eines Maskenverleihers, sic! ... eines Maskenverleihers in der Vorstadt ein neugeborenes Kindchen gefunden worden ist! ... ich sage, wenn diese Lokalnotiz mich nicht stutzig machte. Zweifellos handelt sich's hier um eine Verwechslung. Dennoch mag ich die Sache nicht auf mir sitzen lassen. Besonders da dieser Lümmel von einem Reporter von dem Herrn Maskenverleiher auch noch als einem verkrachten Schmierendirektor spricht. Lies, Mama: Adebar beim Maskenverleiher! Der Kerl bekommt Ohrfeigen! Heut Abend soll meine Ernennung in Straßburg durch die Zeitungen gehn, und gleichzeitig werde ich urbi et orbi[142] als humoristischer Bissen ausgeliefert. Als ob man nicht wüsste, dass von allen Flüchen der Fluch der Lächerlichkeit der schlimmste ist.

---

139 Karren, mit dem die fahrenden Schauspieltruppen früher umherzogen.
140 Lateinisch: Hausgötter.
141 Lateinisch: von Anfang an.
142 Lateinisch: Grußformel des Papstes: Der Stadt und dem Erdkreis.

Frau John An Hauseingang stehn Schutzleute, Herr Direkter?
Direktor Hassenreuter Ja! Und zwar so, dass sogar das Kinderbegräbnis der Witfrau Knobbe ins Stocken gekommen ist. Man lässt sogar den kleinen Sarg mit dem gräulichen Kerl von der Pietät, der ihn trägt, nicht in den Wagen hinaus.
Frau John Wat wär denn det for'n Kinderbejängnis?
Direktor Hassenreuter Wissen Sie das nicht? Das Söhnchen der Knobbe, das auf eine mysteriöse Weise von zwei fremden Weibsbildern zu mir heraufgebracht wurde und förmlich unter meinen Augen, wahrscheinlich an Entkräftung, gestorben ist. Apropos ...
Frau John Det Kind von de Knobbe is jestorben?
Direktor Hassenreuter Apropos, Frau John, wollt' ich sagen, Sie sollten doch eigentlich wissen, wie die Sache mit den beiden übergeschnappten Frauenspersonen, die sich des Kindchens bemächtigt hatten, schließlich verlaufen ist?
Frau John Nu sachen Se, is det nich Jottes Finger, det so womeechlich nich Adelbertchen erwischt haben und det nich mein Adelbertchen mit Dot abjejang is?
Direktor Hassenreuter Wieso? Diese Logik verstehe ich nicht. Dagegen habe ich mich schon gefragt, ob nicht die wirren Reden des polnischen Mädchens, der Kleiderdiebstahl auf meinem Boden und das Milchfläschchen, das Quaquaro im Stiefel herunterbrachte, irgendwie mit der Zeitungsnotiz zusammenzubringen sind.
Frau John Da mang, Herr Direkter, is jar keen Zusammenhang. Haben Sie Pauln jesehn, Herr Direkter?
Direktor Hassenreuter Paul? Ach so: Ihren Mann! Jawohl, und zwar, wenn ich recht gesehen habe, im Gespräch mit dem fetten Kriminalinspektor Puppe, der wegen des Diebstahls auch schon mal bei mir gewesen ist.
Maurerpolier John tritt ein.
John Na, Jette, ha ick nu recht? Det is schnell jekomm.
Frau John Wat denn?
John Soll ick mich tausend Marcht verdien, wo mit Anschläje von Polizeipräsidium an de Lichtfaßsäulen als Belohnung for Denungsiation[143] is bekannt jejeben?

---

143 Berlinerisch für Denunziation, d. h. Anzeige.

Frau John Woso denn?

John Weeßte denn nich, det det janze Manöver mit Schutzleute und Jeheimpolizisten Brunos weejen in Jange is?

Frau John Wie denn? Wo denn? Wat denn? Warum denn in Jange?

John Det Kinderbejängnis is sistiert[144] und zwee Burschen von de Leidtrajenden, wat richtig dufte Kunden[145] sind, festjenomm! Jawoll! Det is nu so weit, Herr Direktor! Ick bin nu 'n Mann, wo mit eene Frau verkuppelt is, wo een Bruder hat, wo hinterher sind, mit Rejirungsräte und Mordkommission, weil er draußen, nich weit von de Spree, unter een Fliederstrauch eene hat umjebracht.

Direktor Hassenreuter Aber werter Herr John, das mag Gott verhüten.

Frau John Det is jelochen! Mein Bruder tut so wat nich.

John I, det is det Neieste, Jette. Herr Direkter, ick ha neilich schonn jesacht, wat det for'ne Sorte Bruder is. – *Er bemerkt und nimmt einen Fliederstrauß vom Tisch.* – Sehen Se ma det hier! Det Unjeheuer is hier jewesen. Wo wiederkommt, bin ick der Erschte, wo ihm, Hände und Füße jebunden, an der Jerechtigkeet ausliefern dut. *Er sucht den Raum ab.*

Frau John Mach du Rotznäsen wat wees von Jerechtigkeet. Jerechtigkeet is noch nich ma oben im Himmel. Keen Mensch nich war hier! Und det bisschen Flieder ha ick von Hangelsberg mitjebracht, wo'n jroßer Strauß hintern Hause bei deine Schwester is.

John Du warst ja jar nich bei meine Schwester, Jette. Det hat mich Quaquaro ja ebent jesacht! Det ham se uff Polizei ja festjestellt. Se ham dir jesehn bei de Spree in de Anlachen …

Frau John Liije!

John Und ooch in de Laubenkolonie, wo du in 'ne Laube jenächtigt hast.

Frau John Wat? Kommst du in dein eejnet Haus allens kurz und kleen demolieren?

John Jut so! recht so, det so weit jekommen is! Nu is det mit uns weiter keen Verstecken! Det ha ick allens vorausjewusst.

---

144 Lateinisch: zurückgestellt, verschoben.
145 Gaunersprache: Verbrecher.

Direktor Hassenreuter *mit Spannung.* Hat sich das polnische Mädchen wieder gezeigt, das neulich wie eine Löwin um das Knobbe'sche Kindchen gestritten hat?
John Eben det is et. Det ham se heut morjen dot jefunden. Und det sach ick so hin, ohne det mir de Zunge im Maule absterben dut: Det Mädchen hat Bruno Mechelke ums Leben jebracht.
Direktor Hassenreuter *schnell.* Dann ist es wohl seine Geliebte gewesen.
John Fragen Se Muttern! Det weeß ick nich! Det war meine Angst, deshalb bin ick schon lieber jar nich zu Hause jekomm, det mein eejnet Weib mit so'ne Jesellschaft behaftet is und hat keene Kraft nich abzuschütteln.
Direktor Hassenreuter Kommt, Kinder!
John Warum denn? Immer bleiben Se man!
Frau John De brauchst nich jehn und Fenster uffreißen und alle Welt uff de Jasse schrein! Det is schlimm jenug, wenn uns Schicksal mit so'n Unjlück jetroffen hat. Plärr! Aber dann siehste mir bald nich mehr wieder.
John Jerade! Nu jerade! Ick rufe, wer't wissen will, von de Jasse, von Flur, dem Tischler vom Hof, de Jungs, de Mädchens, wo in de Konfirmationsstunde jehn, die ruf ick rin und erzähle, wie weit eene Frau mit ihre Affenliebe zu ihrem Lump von Bruder jekommen is.
Direktor Hassenreuter Diese hübsche junge Person, die das Kind beanspruchte, ist heute tatsächlich tot, Herr John?
John Kann sind, det se hibsch is, ick weeß et nich, ob se hibsch oder hässlich jewesen is. Aber det se in Schauhaus liecht, det is sicher.
Frau John Ick weeß et, wat se jewesen is! Een schlechtet jemeinet Weibstick is et jewesen! Wo mit Kerle hat abjejeben und von een Tiroler, der nischt hat von wissen jewollt, hat Kind jehat! Det hat se an liebsten in Mutterleibe schon umjebracht. Denn is se't holen jekomm mit de Kielbacke, wo als Engelmachersche[146] schon ma anderthalb Jahre Plötzensee abjesessen hat. Ob se mit Brunon ooch wat jehabt hat, wo soll ick det wissen? Kann sind, kann ooch nich sind! Und wat soll mir det allens ieberhaupt anjehn, wat Bruno meinsweejen verbrochen hat.

---

146 Umgangssprache: Eine Frau, die illegal Abtreibungen vornimmt.

Direktor Hassenreuter Also haben Sie doch das Mädchen gekannt, Frau John.

Frau John Woso? Ick ha jar nich jekannt, Herr Direktor! Ick sache bloß, wat'n jeder, wie'n jeder von det Mädchen jeäußert hat.

Direktor Hassenreuter Sie sind eine ehrenhafte Frau, Sie ein ehrenhafter Mann, Herr John. Die Sache mit Ihrem missratenen Schwager und Bruder ist schließlich etwas, was meinethalben eine furchtbare Tatsache ist, aber Ihr Familienleben doch im Grunde nicht ernstlich erschüttert ... aber bleiben Sie ehrlich ...

John nich in de Hand! In so'ne Nähe, bei solchet Jesindel bleib ick nich. – *Er schlägt mit der Faust auf den Tisch, klopft an die Wände, stampft auf den Fußboden.* – Horchen Se ma, wie det knackt, wie Putz hinter de Tapete runterjeschoddert kommt! Allens is hier morsch! Allens faulet Holz! Allens unterminiert, von Unjeziefer, von Ratten und Mäuse zerfressen! – *Er wippt auf der Diele.* – Allens schwankt! Allens kann jeden Oojenblick bin in Keller durchbrechen. – *Er öffnet die Tür.* – Selma! Selma! – Hier mach ick mir fort, eh det allens een Schutthaufen drunter und drieber zusammenbricht.

Frau John Wat wisste mit Selma?

John Selma nimmt det Kind, und ick reise mit Selman und det Kind und bringe mein Kind zu meine Schwester.

Frau John Denn soßte Bescheid kriejen! Versuch det man!

John Soll mein Kind in so'ne Umjebung jroßwachsen, womeechlich det ma wie Bruno ieber Dächer jehetzt und det ma ooch womeechlich in Zuchthaus endet?

Frau John *schreit ihn an.* Det is jar nich dein Kind! Vastehste mich?

John So? Det wolln wir ma sehn, ob een rechtlicher Mann nich Herr sollte sind ieber sein eejnet Kind, wo Mutter nich bei Verstande is und in de Hände von Mordsjesindel. Det will ick ma sehn, wer in Rechte is und wer stärker is! Selma!

Frau John Ick schrei! Ick reiße det Fenster uff! Frau Direkter, se wollen eene Mutter ihr Kind rauben! Det is mein Recht, det ick Mutter von mein Kindeken bin! Det is doch mein Recht? Ha ick nich Recht, Frau Direkter? Se umzingeln mir! Se wollen mir mein Recht versetzen! Soll mir det nich jeheern, wat ick vor Wechwurf uffjelesen, wo vor dot in Lumpen jelejen hat und wo ick ha miehsam erscht missen reiben und kneten, bis bissken Atem

V. Akt

jeholt und langsam lebendig jeworden is? Wo ick nich war, det wäre schonn vor drei Wochen längst in de Erde verscharrt jewesen.

Direktor Hassenreuter Herr John, zwischen Eheleuten den Schiedsmann spielen, ist meine Sache im Allgemeinen nicht. Dazu ist dies Geschäft zu undankbar, und man macht dabei meistens böse Erfahrungen. Sie sollten aber in Ihrem zweifellos mit Recht verwundeten Ehrgefühl sich nicht zu Übereilungen hinreißen lassen. Denn schließlich ist doch Ihre Frau für die Tat ihres Bruders nicht verantwortlich. Lassen Sie ihr das Kind! Machen Sie nicht das Unglück schlimmer durch eine überflüssige Härte, die Ihre Frau aufs Empfindlichste kränken muss.

Frau John Paul, det Kind is aus meinen Leibe jeschnitten! Det Kind is mit meinen Blute erkooft. Nich jenug, alle Welt is hinter mich her und will et mich abjagen! Nu kommst ooch du noch und machst et nich anders, det is der Dank! Als wenn det ick ringsum von hungrige Welfe umjeben bin. Mir kannste dotmachen! Mein Kindeken soßte nich anfassen.

John Ich komme zu Hause, Herr Direktor! Ich bin heut Morjen erst mit mein janzes Zeug quietschverjnügt von de Bahn jekomm! Hamburg, Altona, allens abjebrochen. Wenn ooch Verdienst jeringer is, dachte ick, wist lieber bei deine Familie sind! Bissken Kind uff'n Arm nehmen! Bissken Kind uff'n Arm nehmen! Det war unjefähr so meine Inbildung ...

Frau John Paul! Hier Paul! – *Sie tritt ihm ganz nahe.* – Reiß mir det Herz aus'n Leibe! – *Sie starrt ihn lange an, dann läuft sie in den Verschlag, wo man sie laut weinen hört. Selma kommt vom Flur. Sie trägt Trauerkleidung und einen kleinen Grabkranz in der Hand.*

Selma Wat soll ick? Se ham mir jeruft, Herr John.

John Zieh dir an, Selma! Frach deine Mutter, ob det de kannst mit mir jehn zu meine Schwester nach Hangelsberg. Kannst dir'n Jroschen Jeld bei verdienen. Nimmst mein Kindeken uff'n Arm und bejleitest mir.

Selma Nee! Det Kind fass ick nu nich mehr an, Herr John.

John Woso nich?

Selma Nee, ick furcht mir, Herr John. Ick ha so'ne Angst, so hat mir Mama und Polizeileutnam anjeschrien.

Frau John *erscheint.* I, weshalb ham se dir anjeschrien?

Selma *heult los.* Schutzmann Schierke hat mich sojar eene runterjehaut.

Frau John I, dem wer ick noch ma ... det soll der noch ma versuchen.

Selma Wat soll ick denn wissen, warum mich det polsche Mädchen hat mein Brüderken wegjenomm. Hätt ick jewusst, det mein Brüderken sterben soll, ick hätt ihr ja lieber an Hals jesprung. Nu steht Jundofriedchen in Särjiken uff de Treppe. Ick jloobe, Mama hat Krämpfe jekricht und liecht bei Quaquaron hinten in Alkoven. Mir wolln se in Fiersorje schaffen, Frau John. – *Sie flennt.*

Frau John Denn freu dir! Schlimmer kann et nich komm, als et bei dich zu Hause is.

Selma Ick komm vor Jericht! Womeechlich wer Moabit[147] jeschafft.

Frau John Woso det?

Selma Weil ick soll haben det Kindeken, wat det polsche Freilein jeboren hat, von Oberboden runter bei Sie, Frau John, in de Wohnung jetrachen.

Direktor Hassenreuter Also ist tatsächlich oben ein Kindchen geboren worden?

Selma Jewiss.

Direktor Hassenreuter Auf welchem Boden?

Selma Na, bei de Kamedienspieler doch! Wat jeht det mich an? Wat soll ick von wissen? Ick kann bloß sachen ...

Frau John Nu mach, det de fortkommst! Selma, du hast'n reenet Jewissen! Wat de Leute quasseln, kimmert dir nich.

Selma Ick will ja ooch nischt verraten, Frau John.

John *packt Selma, die fortlaufen will, und hält sie fest.* Et wird nich jejang, et wird herjekomm! – Wahrheet! Ick verrate nischt, hast du jesacht: det ham Se doch ooch jeheert, Frau Direkter? Hat Herr Spitta und hat det Freilein jeheert! – Wahrheet! – Bevor ick nich weeß, wat mit Bruno und seine Jeliebte is und wo ihr womeechlich det Kindchen habt wechjeschafft, det is mich ejal, kommst du nich von de Stelle!

Frau John Paul, ick schweere vor Jott, wechjeschafft ha ick et nich.

---

147 Gemeint ist das Untersuchungsgefängnis in Berlin-Moabit.

John Na, und? ... Raus, wat du weeßt, Mächen! Det ha ick schon lange jemerkt, det zwischen dich und meine Frau een jeheimet Jestecke is. Det Zwinkern und Anplinkern is jetzt verjebliche Miehe. Is det Kind tot, oder lebt et noch?

Selma Nee, det Kind is lebendich, Herr John.

Direktor Hassenreuter Was du unter deiner Schürze oder sonstwie hier hast heruntergebracht?

John Wenn et dot is, denn rechne druff, denn wirst du wie Bruno een Kopp kürzer jemacht.

Selma Ick sach't ja: det Kindeken is lebendich.

Direktor Hassenreuter Ich denke, du hast gar kein Kind vom Boden heruntergebracht?

John Und von die janze Jeschichte, Mutter, wisst du nischt wissen? – *Frau John sieht ihn starr an, Selma blickt hilflos und verwirrt auf Frau John.* – Mutter, du hast det Kindchen von Brunon und die polsche Person beiseite jeschafft, und denn, wo se jekomm is, haste det Würmiken von de Knobbe unterjeschoben.

Walburga *sehr bleich, mit Überwindung.* Sagen Sie mal, Frau John, was ist denn an jenem Tage geschehen, wo ich dummerweise, als Papa kam, mit Ihnen auf den Boden geflüchtet bin? Ich will dir das später erklären, Papa. Damals habe ich, wie mir nach und nach deutlich geworden ist, das polnische Mädchen, und zwar erst mit Frau John und dann mit ihrem Bruder, zusammen gesehn.

Direktor Hassenreuter Du, Walburga?

Walburga Ja, Papa. Bei dir war damals Alice Rütterbusch, und ich hatte mich mit Erich verabredet, der dann auch, aber ohne mich zu treffen, denn ich blieb versteckt, zu dir gekommen ist.

Direktor Hassenreuter Ich kann mich dessen nicht mehr erinnern.

Frau Direktor Hassenreuter *zum Direktor.* Das Mädel hat um dieser Sache willen, Papa, wirklich schon schlaflose Nächte gehabt.

Direktor Hassenreuter Wenn Ihnen an dem Rate eines ehemaligen Juristen, der durchs Referendarexamen gepurzelt und dann erst zur Kunst abgesprungen ist ... wenn Ihnen an dem Rat eines solchen Mannes irgendwie etwas liegt, so lassen Sie sich jetzt sagen, Frau John, dass in Ihrem Fall ganz rücksichtslose Offenheit die beste Verteidigung ist.

John Jette, wo habt ihr dem Kindeken hinjeschafft? Kriminalinspektor hat mich jesacht, det fällt mir jetzt in, det se nach det Kind von de dote Person suchen. Jette, um Jottet Himmels willen! Mag sind, wat will, bloß det du dir nich in Verdacht kommen dust, det du, um Foljen von Liederlichkeit von dein Bruder womeechlich aus de Welt zu schaffen, dir an det Neujeborne vergriffen hast.
Frau John *lacht.* Ick – und mir an Adelbertchen verjreifen, Paul?
John Hier redet keener von Adelbertchen. – *Zu Selma.* Ick dreh dir den Hals um, oder du sachst, wo det Kleene von Brunon und det polsche Mächen – uff der Stelle! – jeblieben is.
Selma Et is doch bei Sie in Verschlage, Herr John.
John Wo is et, Jette?
Frau John Det sach ick nich. –
Das Kind beginnt zu schreien.
John *zu Selma* Wahrheet! oder ick ieberliefer dir uff de Polizei, vastehst de – siehste dem Strick? – an Hände und Fieße zusammenjebunden.
Selma *in höchster Angst, unwillkürlich.* Et schreit doch! Se kenn doch det Kindeken janz jut, Herr John.
John Ick? –
Er sieht verständnislos erst Selma, dann den Direktor an. Ihn durchblitzt eine Ahnung, als er seine Frau ins Auge fasst. Er glaubt zu begreifen und gerät ins Wanken.
Frau John Lass dir von so'ne niederträchtije Liije nich umjarnen, Paul! Det is allens von ihre feine Mutter aus Rache bloß mit det Mächen anjestellt! Paul, wat dust du mir denn so ankieken?
Selma Det is Jemeenheet, det Se mich nu ooch noch wolln schlecht machen, Mutter John. Dann wer ick mir hieten, noch Blatt vorn Mund nehmen. Wissen janz jut, det ick ha det Kindchen von det Freilein runterjetragen und ha bei Ihn hier in frisch jemachte Bettchen jelegt. Det kann ick beschwören, det will ick beeidijen!
Frau John Liije! Du sagst, det mein Kind nich mein Kindeken is?
Selma Sie haben ieberhaupt jar keen Kind nich jehat, Frau John.
Frau John *umklammert Johns Knie.* Det is ja nich wahr.
John Lass mich in Ruh! Beschmutze mir nich, Hennerjette!
Frau John Paul, ick konnte nich anders, ick musste det tun. Ick war

selber betroochen, denn hat ick dir in Brief nach Hamburg Bescheed jesacht. Denn warste vajnügt, und denn mocht ick nich mehr zurick und denn dacht ick, et muss sind! Et kann ooch uff andere Weise sind, und denn ...

John *unheimlich ruhig.* Lass mir man ieberlejen, Jette! – *Er geht an eine Kommode, zieht einen Schub auf und schleudert allerlei Kinderwäsche und Kinderkleidungsstücke, die er daraus nimmt, mitten in die Stube.* – Versteht eener det, wat se Woche um Woche, Monat um Monat, janze Tage und halbe Nächte lang mit blutige Finger jestichelt hat?

Frau John *sammelt in wahnsinniger Hast die Wäsche und Kleidungsstücke auf und versteckt sie sorgfältig im Tischschub oder wo sonst.* Paul, det nich! Allens kannste dun! Aber reiß mich nich Fetzen von nackten Leibe!

John *hält inne, fasst sich an die Stirn, sinkt auf einen Stuhl.* Wenn det wahr is, Mutter, da schäm ick mir ja in Abjrund rin. – *Er kriecht in sich zusammen, legt die Arme über den Kopf und verbirgt sein Gesicht. Es tritt eine Stille ein.*

Direktor Hassenreuter Wie konnten Sie sich nur auf einen solchen Weg des Irrtums und des Betruges drängen lassen, Frau John? Sie haben sich ja verstrickt auf das Allerfurchtbarste! Kommt, Kinder! Wir können hier leider nichts weiter tun.

John *steht auf.* Nehm Se mir man mit, Herr Direkter!

Frau John Jeh! Immer jeh! Ick brauche dir nich!

John *wendet sich, kalt.* Also det Kind haste dich beschafft, und wie Mutter hat wieder haben jewollt, haste se lassen von Brunon umbringen?

Frau John Du bist nich mein Mann! Wat soll det heeßen? Du bist von de Polizei jekooft! Du hast Jeld jekricht, mir an't Messer zu liefern! Jeh, Paul! du bist jar keen Mensch! Du bist eener, wo Jift in de Oogen und Hauer wie Welfe hat! Immer pfeif, det se kommen und det se mir festnehmen! Immer zu doch! Nu seh ick dir, wie det du bist! Ick verachte dir bis zun Jüngsten Dache.

Frau John *will durch die Tür davonlaufen. Da erscheinen Schutzmann Schierke und Quaquaro.*

Schierke Halt! Aus die Stube raus kommt keener nich!

John Immer komm rin, Emil! Herr Schutzmann, immer komm Se ruhig rin! Et is allens in Ordnung! Allens is richtich.

Quaquaro Reg dir nich uff, Paul, dir betrifft et ja nich.
John *mit aufsteigendem Jähzorn.* Hast du jelacht, Emil?
Quaquaro I, Menschenskind! Herr Schierke soll bloß det Kleene per Droschke in't Waisenhaus wechschaffen.
Schierke Jawoll. So is et. Wo steckt det Kind?
John Soll ick wissen, wo jedet ausgestoppte Balch von Lumpenspeicher, womit olle Hexe mit Besen Feez treiben, an Ende hinjekomm is? Pass ma uff Schornstein uff, det se nich oben rausfliejen!
Frau John Paul!! – Nu soll et nich leben! Nu jerade! Nu ooch nich! Nu brauch et nich leben! Nu muss et mit mich mit unter de Erde komm.

Frau John war blitzschnell hinter den Verschlag gelaufen. Sie kommt mit dem Kinde wieder und will mit ihm zur Tür hinaus. Der Direktor und Spitta werfen sich der Verzweifelten entgegen, in der Absicht, das Kind zu retten.

Direktor Hassenreuter Halt! Hier greife ich ein! Hier bin ich zuständig! Wem das Knäblein hier auch immer gehören mag – umso schlimmer, wenn seine Mutter ermordet ist! –, es ist in meinem Fundus geboren! Vorwärts, Spitta! Kämpfen Sie, Spitta! Hier sind Ihre Eigenschaften am Platz! Vorwärts! Vorsicht! So! Bravo! Als wär' es das Jesuskind! Bravo! Sie selber sind frei, Frau John! Wir halten Sie nicht. Sie brauchen uns nur das Jungchen hier zu lassen.

Frau John stürzt hinaus.

Schierke Hierjeblieben!
Frau Direktor Hassenreuter Die Frau ist verzweifelt! Aufhalten! Festhalten!
John *plötzlich verändert.* Jebt uff Muttern acht! Mutter! Uffhalten! Festhalten! – Mutter! Mutter!

Selma, Schierke und John eilen Frau John nach. Spitta, der Direktor, Frau Direktor und Walburga sind um das Kind bemüht, das auf den Tisch gebettet wird.

Direktor Hassenreuter *der das Kind sorgfältig auf den Tisch bettet.* Meinethalben mag diese entsetzliche Frau doch verzweifelt sein! Deshalb braucht sie das Kind nicht zugrunde richten.
Frau Direktor Hassenreuter Aber liebster Papa, das merkt man doch, dass diese Frau ihre Liebe, närrisch bis zum Wahnsinn, gerade an

diesen Säugling geheftet hat. Unbedachtsame harte Worte, Papa, können die unglückselige Person in den Tod treiben.
Direktor Hassenreuter Harte Worte habe ich nicht gebraucht, Mama.
Spitta Mir sagt ein ganz bestimmtes Gefühl: Erst jetzt hat das Kind seine Mutter verloren.
Quaquaro Det stimmt. Vater is nich, will nischt von wissen, hat jestern in de Hasenheide[148] mit eene Karussellbesitzerswitwe Hochzeit jemacht! Mutter war liederlich! Und bei de Kielbacken, wo Kinder in Fleje hat, sterben von's Dutzend mehrschtens zehn. Nu is et so weit: det jeht jetzt ooch zujrunde.
Direktor Hassenreuter Sofern es nämlich bei dem Vater dort oben, der alles sieht, nicht anders beschlossen ist.
Quaquaro Meen Se Pauln? den Mauerpolier! Nu nich mehr! Dem kenn ick, wo der uff'n Ehrenpunkt kitzlich is.
Frau Direktor Hassenreuter Wie das Kindchen daliegt! Es ist unbegreiflich. Feine Leinwand! Spitzen sogar! Schmuck und frisch wie ein Püppchen. Es wendet sich einem das Herz um, zu denken, wie es so plötzlich zu einer von aller Welt verlassenen Waise geworden ist.
Spitta Wäre ich Richter in Israel ...[149]
Direktor Hassenreuter Sie würden der John ein Denkmal setzen! Mag sein, dass in diesen verkrochenen Kämpfen und Schicksalen manches heroisch und manches verborgen Verdienstliche ist. Aber Kohlhaas von Kohlhaasenbrück[150] konnte da mit seinem Gerechtigkeitswahnsinn auch nicht durchkommen. Treiben wir praktisches Christentum! Vielleicht können wir uns des Kindchens annehmen.
Quaquaro Lassen Se da bloß de Finger von!
Direktor Hassenreuter Warum?
Quaquaro Außer det Se Jeld wollen los werden und uff de Quengeleien und Scherereien mit de Armenverwaltung, mit Polizei und Jericht womeechlich happich sind.
Direktor Hassenreuter Dazu hätte ich allerdings keine Zeit übrig.
Spitta Finden Sie nicht, dass hier ein wahrhaft tragisches Verhängnis wirksam gewesen ist?

---
148 Berliner Vergnügungspark in Neukölln.
149 Anspielung auf das Urteil Salomos (vgl. Anmerkung 94).
150 Anspielung auf die Titelgestalt von Kleists Erzählung »Michael Kohlhaas«.

Direktor Hassenreuter Die Tragik ist nicht an Stände gebunden. Ich habe Ihnen das stets gesagt.
Selma, atemlos, öffnet die Flurtür.
Selma Herr John, Herr John, Herr Mauerpolier!
Frau Direktor Hassenreuter Herr John ist nicht hier. Was willst du denn, Selma?
Selma Herr John. Se solln uff de Straße komm'n!
Direktor Hassenreuter Nur Ruhe, Ruhe! Was gibt's denn, Selma?
Selma *atemlos* Ihre Frau ... Ihre Frau ... Janze Straße steht voll ... Omnibus, Pferdebahnwagen ... is jar keen Durchkommen ... Arme ausjestreckt ... Ihre Frau liecht lang uff Jesichte unten.
Frau Direktor Hassenreuter Was ist denn geschehen?
Selma Herrjott, Herrjott im Himmel, Mutter John hat sich umjebracht.

Materialien

I Zugänge

1 Das Rattenhaus

Blick in die Alexanderstraße in Berlin, mit für die Zeit typischen Mietskasernen, um 1877

2 Arno Holz: Im Keller nistete die Ratte

Ihr Dach stieß fast bis an die Sterne,
Vom Hof her stampfte die Fabrik,
Es war die richt'ge Mietskaserne
Mit Flur- und Leiermannsmusik!
5 Im Keller nistete die Ratte,
Parterre gab's Branntwein, Grog und Bier,
Und bis ins fünfte Stockwerk hatte
Das Vorstadtelend sein Quartier.
(1898/1899)

3 Dieter und Ruth Glatzer: Das Vorbild für das „Rattenhaus"

Noch die vermodertsten Gemäuer dienen armen Familien als Unterkunft.
Auch in der alten Kaserne in der Alexanderstraße, die Gerhart Hauptmann als Vorbild für den Handlungsort der „Ratten" dienen wird, hausen Dutzende Berliner Familien: „Das Innere dieser Ruine entspricht vollkommen dem äußeren Eindruck; die früheren Mannschaftsstuben sind durch Holzwände in zwei Räume geteilt und so in Stube und Küche umgewandelt. Familien von zum Teil acht bis neun Köpfen bewohnen zusammengedrängt ein Zimmer, die schmutzigen Treppen, Korridore und Wohnungen bieten einen Herd für Seuchen und Epidemien." (Vossische Zeitung, 30. Mai 1900)
Und dann die Kellerwohnungen ...

(1986)

I Zugänge

4 Heinrich Zille: Hausdurchgang

Heinrich Zille (1858–1929), Hausdurchgang im Krögel, Herbst 1898

I Zugänge

5   Eine Fantasie-Reise ins Innere des „Rattenhauses"

Du hast mit deinem Kurs eine Studienreise nach Berlin unternommen. Heute machst du mit dem Reisebus eine Fahrt in das „alte Berlin". Langsam näherst du dich, vom Alexanderplatz kommend, durch die Voltairestraße der Alexanderstraße. Der alte graue Kasten, Hauptmanns „Rattenhaus", ist schon aus einiger Entfernung zu erkennen; er sieht düster und bedrohlich aus. Hier machst du Halt; die ehemalige Kaserne des Kaiser-Alexander-Regiments willst du dir auch von innen ansehen.
Es ist heiß. Vor dem Eingang stehen die übervollen Mülleimer. Du öffnest die große Eingangstür und wirst von einer atemberaubenden Geruchswolke überfallen. Für einen Augenblick bist du wie betäubt. Das Haus, die Hitze, der Gestank – alles führt dich zurück in die Welt der Jahrhundertwende. Aus den Kellerräumen hörst du entfernt das Husten der tuberkulosekranken Arbeiterfamilie mit ihren zahlreichen Kindern. In diesen feuchten Löchern wohnen ja oft bis zu zehn Personen – in schlimmen hygienischen Umständen und ohne Aussicht auf eine Verbesserung ihrer Lage.
Durchgetretene Stufen führen in den ersten Stock. Du hast Schwierigkeiten, dich zu orientieren, weil die wenigen verdreckten Fenster kaum Tageslicht hereinlassen. Viele kleine Kinder spielen auf den Gängen, lassen sich durch dich aber nicht stören. Du kommst in den zweiten Stock und siehst zahlreiche Eingangstüren, die zu kleinen Wohnungen führen müssen. Mit deinem magischen Auge machst du die Räume einer armen Zigarrenarbeiterin, einer Mantelnäherin aus. Eine offensichtlich angetrunkene Frau hörst du aus einer dritten Türe. Sie schickt gerade ihre Tochter auf die Straße. Was sie dort tun soll, ist dir nicht ganz klar, vielleicht willst du es auch nicht wissen ...
Halt – eine Tür steht offen. Du bist neugierig und wirfst einen kurzen Blick hinein: ein hohes helles Zimmer, Küche und Schlafzimmer durch Verschläge abgetrennt. Hier wird auf Ordnung und Sauberkeit Wert gelegt; Gemütlichkeit sollen die kleinen Bilder ausstrahlen, die über dem Sofa hängen. Sie zeigen ein Brautpaar, einen Soldaten aus dem Krieg 1870/71 in Uniform ...
(2007)

II Entstehung des Stückes

1 Berliner Lokalanzeiger vom 13. 2. 1907

Die Angeklagte ist die Frau des Garderobiers M. in Rummelsburg[1]. Die 1903 geschlossene Ehe blieb kinderlos. Als M. eines Abends aus seinem Dienst kam, fand er neben dem Bett seiner Frau in einem Korbe ein schreiendes Baby, welches sich als der sehnlichst erwartete Familienzuwachs herausstellte. In Wirklichkeit hatte es die Angeklagte schon monatelang vorher verstanden, einen gewissen Zustand vorzutäuschen, und hatte dann das Kind eines Dienstmädchens B. als ihr eigenes ausgegeben, ohne zu wissen, dass dieses schon in der Person des Lehrers Mudra in Rummelsburg einen Vormund erhalten hatte. Dieser zog Erkundigungen über den Verbleib des Kindes ein und erschien eines Tages in der Wohnung der Angeklagten. Diese schwebte von nun an in ständiger Furcht, dass die Sache entdeckt würde, und fasste einen abenteuerlichen Plan. Sie näherte sich einer Frau Engel, die ein etwa gleichaltriges Kind besaß, und machte sich mit ihr bekannt. Die Absicht der Angeklagten ging dahin, das Kind der E. zu rauben und dieses dann dem Vormund als das Kind des Dienstmädchens B. zu überbringen. Während Frau E. eines Tages ihrem Manne Essen nach seiner Arbeitsstätte trug, erschien die Angeklagte in deren Wohnung. Unter einem Vorwande schickte sie die beiden ältesten Söhne fort, die das kleine Kind beaufsichtigten, und eignete es sich an. Als Frau E. später nach Hause kam, vermisste sie sofort ihr Kind und schlug Lärm. Die Nachricht von dem Kindesraub verbreitete sich schnell in Rummelsburg, und bald belagerte eine Menschenmenge das Haus der Engel, die in ihrer Aufregung über den Verlust des Kindes völlig kopflos geworden war. Die Angeklagte hatte inzwischen das geraubte Kind in der Wohnung des Lehrers abgegeben, nachdem sie ihm einen Zettel um den Hals gehängt hatte, auf dem angegeben war, es wäre dies das Kind des Dienstmädchens. Als Frau E. die Angeklagte beschuldigte, diese hätte ihr das Kind geraubt, zeigte diese ihr das wirkliche

---

[1] Ort in der Nähe Berlins.

Kind des Dienstmädchens und erklärte, sie habe an ihrem eigenen genug. Die verwickelte Angelegenheit wurde noch an demselben Tage von der Berliner Kriminalpolizei aufgeklärt, die den doppelten Kindestausch vornahm. Das erstunterschobene Kind der B. wurde später den M.'schen Eheleuten wieder überlassen, die mit großer Liebe an ihm hängen. Vor Gericht war die Angeklagte geständig und beteuerte unter einem nicht endenwollenden Tränenstrom, sie habe nichts Schlechtes gewollt ... Das Urteil lautete auf eine Woche Gefängnis.

(1907)

2 Aus dem Tagebuch Gerhart Hauptmanns 1907

Hauptmann notiert am 13. Februar 1907:

Das Rührende.
Die Frau – Kind angeblich gehabt
Sie bleibt Tage aus
Kind eines Dienstmädchens als ihres ausgegeben
hierdurch beiden geholfen aber sogar im tiefsten Sinne
Kind hatte aber schon Vormund dieser kam. Ständige Angst
Sie raubt für den Vormund ein anderes Kind. –
Maurersfrau
Rummelsburg – Menschenmenge.
Sie habe an ihrem eignen genug. Zeigt ihr eignes Kind
von[m] Die[nstmädchen]. sie sagt zu Maurersfrau,
[Text bricht ab]

(1907)

3 Aus dem Tagebuch Gerhart Hauptmanns 1910

7. Mai
Gerhart Erasmus schreit aus vollem Halse.
[Zu] Es ist nichts Kleines an Glück und Zukunft.

9. Mai
Gerhart Erasmus heut Nacht 1 Uhr gestorben.
„und heut? und heut? Das Nest ist leer
und [...?] ist doch hundert Mal so schwer!"

10. Mai
Die Seele, selbst der vollkommen glücklich liebenden Frau wird auf die Dauer nicht erfüllt durch den Mann.
Auch nicht durch das erwachsene Kind.
Ganz erfüllt, ganz reich, wird sie nur durch neue Mutterschaft und durch das[en] Säugling, der zum Baby heranwächst und so fort.
Das erst macht ihre Seele voll lebensfähig: sonst ist sie gewissermaßen verarmt.
Es kann sein, dass sie selbst nicht weiß, wie verarmt sie ist. Sie fühlt es im neuen Wochenbett, wie verarmt sie war. Sie behält das Bewusstsein davon lange, wenn Missgeschick ihr den Säugling wieder entreißt.
In manchen Frauen schläft die Mutter. Sie müsste in allen erwacht sein. Die Mutteraufgabe ist furchtbar, ist gefahrvoll und reich! Die Mutter ist mit Seele und Leib immer um den Quellpunkt des Lebens beschäftigt. [und um ein] Um ein Eingangstor und ein Ausgangstor.
Mutter ist eine Mutter in vollem Sinne bis zum 10. Jahre ihrer Kinder.

11. Mai
Gestern Gerhart Erasmus begraben.
Wilm und Frau, Fritjoft und Benvenuto und im guten Geleit.
Dietrich und Totengräber versenkten den Sarg.
Heut bricht der Frühling voll sommerlich ein.
Wasserrauschen, eine fast erschlaffende Sonnenwärme.

Soeben 9¼ Uhr *der erste Kuckuck:*
Grethe weint. Sie erfährt von mir gestriges Begräbnis. Sie wünschte Härchen des Kleinen. Sie sagt: er fehlt mir überall. Ja, Du fehlst uns. Das Haus, jeder Ziegel, jeder Baum, jeder Grashalm im Garten soll'n sich für uns erneuern, in Dir. Du kleiner, ahnungsloser Hausbegründer, neues Hausfundament. Wie belanglos ist das Meiste, wenn Mutterliebe aus den Untiefen frisch hervorbricht. Herrlicher Mutterinstinkt.

Abend
Grethe sagt, mit Bezug a[uf] d[as] Kind. Man sucht es immer. Man will ihm irgendetwas abbitten. Es um Verzeihung bitten.
Sie spricht über die Richtigkeit des Wortes: in der Hoffnung sein. Jetzt verstünde sie es nach dem Verlust des Kindes und der Hoffnung.
Ich sage: Du kannst ein neues Kind bekommen.
„Das ist nicht das!", sagt sie. Es gibt keinen Ersatz.
Sie hat es ja auch 8 Monate lebend besessen: es hatte sich bewegt. Existiert. Es starb an der Welt.

14. Juli Agn[etendorf]
Grethens Traum. Sie ist immer tief beschäftigt. Sie geht in den Garten. Sieht Kinderwagen stehen. Nanu, sagt sie, ich denke, das Kind ist tot. Wir haben es in die Sonne gestellt, sagt Frau Luchte und Schwester Emmy (die noch da ist). In der Sonne hat [...?] es wieder zu atmen angefangen, ist wieder lebendig geworden. – Es richtet sich auf und hat dieselben graublauen Augen, wie ich sel[b]st in jenem Traum vom 13. Mai. „Diese Augen", sagt Grethe, „sahen wohin, wohin ich nicht sehen konnte. Genauso wie du damals im Traum" – Ich ging hin und da legte sich das Kind wieder, das weiße Strümpfchen an hatte, und war ganz kalt, und ich schrie nach Wärmflaschen.
(1910)

III Autor und Werk

1 Theodor Fontane über Gerhart Hauptmann

Anlässlich der umstrittenen Uraufführung von Hauptmanns Erstling „Vor Sonnenaufgang" 1889 schreibt Fontane in einer Theaterkritik:

Über Hauptmanns Drama wird noch viel gestritten und manche vieljährige Freundschaft ernster oder leichter gefährdet werden, aber über *eines* wird nicht gestritten werden können, über den Dichter selbst und über den Eindruck, den sein Erscheinen machte. Statt eines bärtigen, gebräunten, breitschultrigen Mannes mit Schlapphut und Jäger'schem Klapprock erschien ein schlank aufgeschossener, junger blonder Herr von untadligstem Rockschnitt und untadligsten Manieren und verbeugte sich mit einer graziösen Anspruchslosigkeit, der wohl auch die meisten seiner Gegner nicht widerstanden haben. Einige freilich werden aus dieser Erscheinung, indem sie sie für höllische Täuschung ausgeben, neue Waffen gegen ihn entnehmen und sich gern entsinnen, dass der verstorbene Geheime Medizinalrat Casper ein berühmtes Buch über seine Physikats- und gerichtsärztlichen Erfahrungen mit den Worten anfing: „Meine Mörder sahen alle aus wie junge Mädchen."

(1889)

Gerhart Hauptmann, 1896

2 Berliner Tageblatt: Zur Premiere von G. Hauptmanns „Die Ratten"

Als Hauptmann gestern Abend vor dem Vorhang erschien – *er konnte sechsmal den Hervorrufen Folge leisten* – sah man, dass sein Scheitel nun schon lebhaft zu ergrauen beginnt. Und wie der Dichter älter geworden, so ist auch seine Gemeinde herangereift, in die rangierte Lebenssphäre des mittleren Lebensalters hineingewachsen. (...) Heute sitzt die Garde der unbedingten Hauptmannenthusiasten nicht mehr auf der zweiten Galerie, sondern sie ist in den bourgeoisen Regionen des Parketts und den feudalen Gefilden des ersten Ranges verteilt. Aus diesen vornehmen Gegenden klang gestern der starke und ehrliche Beifall, der Hauptmann ein halbes Dutzend Mal an die Rampe rief, besonders kräftig. Und es war gut, dass nur eine schüchterne Opposition zu bekämpfen war, denn der Frackmensch im ersten Rang und Parkett vermag beim besten Willen nicht mehr so stark zu klatschen, wie der begeisterte Jünger im Straßenanzug auf der zweiten Galerie. (...)
Wenn man in den Pausen den Blick von der Bühne zum Zuschauerraum wandte, sah man das bekannte Bild der Hauptmannpremiere: ein ungewöhnlich elegantes Publikum, in dem man viele bekannte Berliner Persönlichkeiten und manchen Vertreter der Theaterwelt im Reich erblickte. (...) Nach Schluss der Aufführung entfaltete sich auf dem Platz vor dem Lessingtheater ein ungeheurer Automobilkorso, wie er in Berlin nur sehr selten und bei ganz großen Ereignissen zu sehen ist.
(1911)

Hauptmann im Arbeitszimmer seines Hauses in Agnetendorf, um 1940

3 Gerhart Hauptmann: Dramaturgie

„Zeit im Drama: gesetzmäßige Sukzession des Psychobiologischen. Ort im Drama: Stand und Bewegung des Menschen unter Menschen.

Es gibt einen psychischen Akt. Auch der Dramatiker muss vor allem Akt zeichnen können. Viele sogenannte Dramatiker sind leider nur bestenfalls Kostümschneider.

Man muss, um wahrhaft produktiv zu sein, den dramatischen Stoff, also Menschen und ihre inneren und äußeren Beziehungen und Kämpfe, ganz unabhängig davon sehen, dass die Menschen Menschen, Männer, Weiber, Aristokraten, Bürger, Arbeiter oder regierende Fürsten, dass sie alt, jung, arm oder reich sind. Man muss sie sehen, als wüsste man nicht, wie sie atmen, was sie essen, trinken, wie sie leben müssen, um zu leben, dass sie sprechen, singen, schreiben, wachen, schlafen und Notdürftiges verrichten – nicht, was sie tun noch in Künsten und Wissenschaften erreicht haben. Man muss sie sehen, als wüsste man gar nichts von ihnen und erführe alles zum ersten Mal. Dieses vollkommen Fremde muss dem Beschauer in seiner kleinsten Funktion das ganze Mysterium in seiner vollen Wunderbarkeit und Unbegreiflichkeit ausdrücken.

Das Drama ist nichts weiter als die natürliche Synthese zeitlich und räumlich weit auseinanderliegender dramatischer Einzelmomente im Menschengeist.

Die Distanz, aus der man ein Drama sieht, darf sich während der Arbeit nicht verschieben.

Ein Drama muss sich selbst bewegen, nicht vom Dichter bewegt werden. Der Ursprung seiner Bewegung muss, wie der Ursprung des Lebens, allen verborgen sein.

(...)

Immer mehr „Undramatisches" dramatisch zu begreifen, ist der Fortschritt.

In der alten Tragödie überwiegt das Sein, in der neuen das Werden.

Aristoteles und Lessing wenden sich gegen die Wahl abstrakter und idealer Charaktere; dieser besonders gegen den makellosen Helden im christlichen Trauerspiel.

Man hört Worte wie diese immer aufs Neue: Niederungen des Lebens! Alltägliche Misere! Arme-Leute-Geruch! – Man trenne von einem Fürsten das, was des Titels ist, von dem, was des Menschen ist: was ist wichtiger? Nie und nirgend hat es die Kunst mit Titeln zu tun! auch nicht mit Kleidern! Ihr Gegenstand ist die nackte Seele, der nackte Mensch! Es braucht kein Lessing zu kommen, um uns wissen zu lassen, dass „die geheiligten Namen des Freundes, des Vaters, der Geliebten, des Gatten, des Sohnes, der Mutter, des Menschen überhaupt ..." „pathetischer" sind als alle Titel, und so weiter.

Armeleutekunst? Man sollte endlich damit aufhören, die Kunst der Klassiker durch einen solchen Ausdruck zur Reicheleutekunst zu degradieren. Volk und Kunst gehören zusammen, wie Boden, Baum, Frucht und Götter.

(...)

Vom Individuellen der Charakteristik muss in der Tragödie irgendwie abstrahiert werden.

(...)

In Fällen, wo wir das Leben der dramatischen Kunstform nicht anpassen können: – sollen wir nicht diese Kunstform dem Leben anpassen?
(1897)

III Autor und Werk

4 Die „Freie Bühne" in Berlin

Karikatur auf die „Freie Bühne" von Ernst Retemeyer, 1890

5 Helmut Scheuer: Der „Konsequente Naturalismus"

Als am 20. Oktober 1889 der Theaterverein „Freie Bühne" in Berlin, der kurz vor der Zeitschrift gleichen Namens gegründet worden war und sich an den Theaterexperimenten des Pariser „Théâtre libre" von André Antoine orientiert hatte, Gerhart Hauptmanns dramatischen Erstling *Vor Sonnenaufgang* als zweites Stück auf die Bühne brachte, da stellte sich endlich der große Eklat ein, den die Naturalisten sich immer gewünscht hatten. Die erste Vorstellung des Vereins fand am 29. September statt: Ibsen, *Stützen der Gesellschaft*. Danach unter anderem: E. und J. de Goncourt, *Henriette Maréchal*; Tolstoj, *Macht der Finsternis*; Anzengruber, *Das 4. Gebot*; Strindberg, *Der Vater*; Zola, *Thérèse Raquin*. Wenn auch Werke von Holz/Schlaf (*Die Familie Selicke*) und von Hartleben (*Angele*) aufgenommen wurden, so stand Hauptmann doch im Vordergrund. (...)
Die Zuschauer der Hauptmann'schen Aufführung schwankten zwischen heftigster Ablehnung und begeisterter Zustimmung.

III Autor und Werk

Die einen nannten von jetzt an die Naturalisten „Schnapsbudenrhapsoden" und empörten sich über die „Schweinerei"; andere wie Theodor Fontane, hoch geachteter Kritiker der Vossischen Zeitung, glaubten dagegen, einen Ibsen in Hauptmann wiederzuerkennen. Bei allen widerstreitenden Meinungen ist es auffällig, wie stark durch dieses Drama die naturalistische Bewegung ins Bewusstsein breiterer Publikumsschichten gedrungen ist. (...)

Welche neuen Prioritäten für das Schauspiel gelten, hat Arno Holz in seinen theoretischen Schriften häufig ausgesprochen: „Die Menschen auf der Bühne sind nicht der Handlung wegen da, sondern die Handlung der Menschen auf der Bühne wegen. Sie ist nicht der Zweck, sondern nur das Mittel. Nicht das Primäre, sondern nur das Sekundäre. Mit anderen Worten: nicht die Handlung ist also das Gesetz des Theaters, sondern die Darstellung von Charakteren." (...)

Gerhart Hauptmann, der durch Holz' theoretische Reflexionen beeinflusst ist, hat ebenfalls mehr als einmal seine Verachtung der regelrechten Handlungsführung bekundet: „Erst Menschen, hernach das Drama" (Tagebuch, 29. XI. 1898). Bei einer solchen Auffassung brauchen die Einzelteile des Dramas (Akte, Szenen) nicht mehr streng kausal und funktional geordnet zu sein, sondern können ein ausgeprägtes Eigenleben entwickeln, indem sie dem Zuschauer soziale Zustände oder die *dramatis personae* in jeweils verschiedener Perspektive vorführen. Bei ihrer Entscheidung für den Primat der Charaktere konnten die Naturalisten auch aus der deutschen Literaturgeschichte Eideshelfer zitieren. So ist Georg Büchner, über den Hauptmann 1887 im Verein „Durch" einen Vortrag hielt, von den Naturalisten wieder entdeckt und als Vorbild akzeptiert worden. (...)

Die Autoren wollten (...) nur die begrenzte Welt ihrer literarischen Figuren einfangen, um die Intensität des Milieus und die damit verbundenen Einflüsse hervortreten zu lassen. Um eine glaubhafte Milieuskizze bieten zu können, haben die Naturalisten eingehende Studien betrieben. (...)

Da die Naturalisten an einer gesellschaftlichen Analyse interessiert waren – im Drama ist ihnen das ungleich besser gelungen als in der Prosa –, musste sich ihre Aufmerksamkeit mehr auf

das Zusammenleben sozialer Schichten und die damit verbundenen Probleme konzentrieren. (...)
Einmal griffen die Naturalisten auf die bewährte Form der Familiendramen zurück. Bewusst stellten sie sich in die Tradition des durch soziales Engagement gekennzeichneten Bürgerlichen Trauerspiels, wie sie es bei Gotthold Ephraim Lessing, Jakob Michael Reinhold Lenz, Friedrich Schiller, Georg Büchner, Friedrich Hebbel kennengelernt hatten. Besonders wirksam wurden die Dramen Henrik Ibsens, in denen gesellschaftliche Spannungen und Widersprüche gern in die bürgerliche Familie projiziert werden, um damit die Brüchigkeit überlieferter sozialer Institutionen in einer sich wandelnden Zeit aufzuweisen.
Viele Dramen des deutschen Naturalismus greifen die bei Ibsen vorherrschende Thematik der bürgerlichen „Lebenslüge" und der Entfremdungstendenzen in der Kleinfamilie auf, indem sie den Autoritätsverlust des Mannes, die Emanzipationsbestrebungen der Frau und die Gehorsamsverweigerung der Kinder in den Blickpunkt rücken. (...) Wie stark die Naturalisten, trotz gegenteiliger Beteuerungen, noch der bürgerlichen Tradition verpflichtet sind, zeigen die Themen ihrer Dramen, die sich nur selten dem proletarischen Milieu zuwenden, sondern meist in der bürgerlichen oder auch kleinbürgerlichen Sphäre verharren. Einzig Gerhart Hauptmann hat sich in einigen Dramen darum bemüht, die Welt des Arbeiters auf die Bühne zu bringen, neben den *Webern* besonders in *Die Ratten* (1911). Aber typischerweise erleben wir hier wiederum nur den häuslichen Bereich des Maurerpoliers John, während die Arbeitswelt ausgespart bleibt. (...)
Wie sehr das naturalistische Drama dennoch die Theaterwelt verändert hat, lässt sich besonders einprägsam an der neuen Aufführungstechnik belegen, die diese Stücke zwangsläufig forderten. Um ihrem Wunsch nach exakter und objektiver Darstellung Nachdruck zu verleihen, haben die Dramatiker neben dem „nackten" Dialoggerüst viel episches „Beiwerk" geliefert, um ihre Intentionen an den Leser, aber besonders an den Regisseur weiterzugeben.

(1976)

IV Frauenbilder – Männerbilder im Drama

1 Dienstmädchen um 1900

Erstes Gesinde-Vermiethungs-Kontor
Tausende von Herrschaften suchen für gleich, sowie jede andere Zeit bei höchsten Löhnen zu mieten: Köchinnen, Hausmädchen, Mädchen für alles, Kindermädchen, sowie Restaurationspersonal jeder Art, Gebühr für Dienstpersonal seit dem Jahre 1815 unverändert, nach wie vor 1 Mk., welche indeß erst nach erlangter Stellung zu zahlen ist. Täglich Vormittags von 8 bis 1 Uhr, größte Auswahl von männlichem Dienstpersonal.

Reklame eines Berliner Vermietungs-Kontor, das seit 1815 florierte und vor allem von auswärtigen Bewerbern frequentiert wurde.

2 Dienstmädchenball

Meist trafen sich die Dienstmädchen in den vielen Tanzsälen der Großstädte. Die Vorliebe fürs Militär war sprichwörtlich.

3 August Bebel: Dienstmädchen

Dass besonders Dienstmädchen, nachdem sie der Verführung ihrer *Dienstherren* zum Opfer fielen, ein großes Kontingent zu den Prostituierten stellen, ist bekannt. Über die auffällig große Zahl der Verführungen von Dienstmädchen durch ihre Dienstherren oder deren Söhne äußert sich sehr anklagend Dr. Max Taube in einer Schrift. Aber auch die höheren Klassen liefern ihr Kontingent zur Prostitution, nur ist es nicht die Not, sondern Verführung und Neigung zu einem leichtfertigen Leben, zu Putz und Vergnügen. Darüber heißt es in einer Schrift: „Starr vor Schreck, vor Entsetzen, hört so mancher brave Bürger, dass seine Tochter heimlich sich der Prostitution ergeben hat, und *wäre es statthaft, alle diese Töchter namhaft zu machen, es müsste dann entweder eine soziale Revolution vor sich gehen, oder die Begriffe von Ehre und Tugend im Volke würden schweren Schaden leiden.*"
(1879)

4 Nivea-Werbeanzeige 1913

5 Elisabeth Badinter: Mutterliebe

Die Entwicklung der weiblichen Einstellungen zur Mutterschaft können wir aus zweierlei Arten von Unterlagen ablesen: Umfragen und Selbstzeugnisse, in denen ein tief greifender Wandel der Auffassungen sichtbar wird. Die neuen Einstellungen sind zwar nur bei einer Minderheit zu beobachten, doch ist diese so aktiv und emanzipiert, dass man sie ernst nehmen muss. Das Neue ist nicht so sehr, dass ein gewisser Überdruss an der Mutterschaft geäußert wird, dass Enttäuschung und Entfremdung laut werden, das Neue ist vielmehr, wie es gesagt wird. Die Frauen äußern sich heute ohne Schuldgefühle, aber nicht ohne eine gewisse Bitterkeit.

„Die Kinder, das ist schwer, das frisst einem das Leben auf."

„Es gibt Tage, wo man viel dafür gäbe, dass sie nicht da sind; man könnte sie alle umbringen."

„Jahrelang habe ich nur aus Pflichtgefühl gelebt, sodass ich nicht einmal mehr wusste, was mir Spaß machte. Für sich zu leben, das muss toll sein." (…)

All diese aus dem Leben gegriffenen Zeugnisse sprechen von der Enttäuschung, der Erschöpfung und dem Verzicht, den die Mutterschaft für manche Frauen bedeutet.

Am auffälligsten ist jedoch die Bitterkeit und der Wunsch nach Rache, die aus diesen Worten sprechen und die wahrscheinlich dreißig Jahre zuvor nicht hätten geäußert werden können. Diese Frauen machen einfach Schluss mit dem traditionellen Bild der Mutter und erklären, dass sie darauf nicht noch einmal hereinfallen werden. Sie sagen, ihre Erfahrung als Mutter habe ihr Leben als Frau verdorben, und wenn sie es vorher gewusst hätten, dann …

Neben denjenigen, die sich damit begnügen, das Scheitern ihrer Erfahrung als Mutter festzustellen, sind andere Feministinnen daran gegangen, den Mythos von der natürlichen Mutterschaft zu zerstören. Sie haben den Begriff des Mutterinstinkts in Frage gestellt: „Gibt es einen Mutterinstinkt, oder gibt es in den Beziehungen zwischen Mutter und Kind nicht nur jene Gefühle, die wir auch anderswo finden, Liebe, Hass, Gleichgültigkeit, jeweils in unterschiedlicher Dosierung? (…)

IV Frauenbilder – Männerbilder im Drama

Wäre es nicht besser, statt von einem Instinkt von einem unwahrscheinlichen sozialen Druck zu sprechen, der den Frauen einreden will, sie könnten sich nur in der Mutterschaft verwirklichen? B. Marbeau-Cleirens hat das sehr gut ausgedrückt: „Aus der Tatsache, dass die Frau Mutter sein kann, hat man nicht nur abgeleitet, dass sie Mutter sein sollte, sondern auch, dass sie nichts als Mutter sein sollte und nur in der Mutterschaft das Glück finden könne."
Wie kann man wissen, ob der legitime Wunsch, Mutter zu sein, nicht ein teilweise entfremdeter Wunsch ist, eine Reaktion auf gesellschaftliche Zwänge (unverheiratet zu sein und nicht Mutter zu sein wird bestraft, als Mutter genießt die Frau soziale Anerkennung)? Wie kann man sichergehen, dass dieser Wunsch, Mutter zu sein, nicht Kompensation für unterschiedliche Frustrationen ist?
In Wirklichkeit, sagen die einen wie die anderen, sei die Mutterschaft ein doppelköpfiges Ungeheuer (Fortpflanzung und Fürsorge), dessen patriarchalische Strategie darauf ziele, Verwirrung zu stiften. Sie sei der Angelpunkt der Unterdrückung der Frau. Denn „die Spezialisierung der Frau auf diese Mutterfunktion ist die Ursache und das Ziel der Schikanen, die sie im ganzen sozialen Leben zu erdulden hat ... Erst werden die Frauen in der Mutterschaft mobilisiert, damit man sie besser immobilisieren kann." (...)
Angesichts des Wandels in der Einstellung der Mütter gelangt man zu der Überzeugung, dass der Mutterinstinkt ein Mythos ist. Auf ein allgemein gültiges und naturnotwendiges Verhalten der Mutter sind wir nicht gestoßen. Wir haben im Gegenteil festgestellt, dass ihre Gefühle in Abhängigkeit von ihrer Bildung, ihren Ambitionen oder ihren Frustationen äußerst wandlungsfähig sind. Man kommt deshalb nicht an der vielleicht grausamen Schlussfolgerung vorbei, dass die Mutterliebe nur ein Gefühl und als solches wesentlich von den Umständen abhängig ist. Dieses Gefühl kann vorhanden sein oder auch nicht vorhanden sein, es kann auftreten und verschwinden.

(1981)

IV Frauenbilder – Männerbilder im Drama

6 Sibylle Wirsing: Ein Milieu-Krüppel

Gottfried John, der in der Berliner „Ratten"-Inszenierung von Rudolf Noelte den Bruno Mechelke spielt und von Hauptmanns Typenskizze eines stiernackigen, athletischen Menschen stark abweicht – der, Haut und Knochen, als langes Elend dasteht und statt der geforderten Brutalität eine kindlich unversierte Seele hervorkehrt, hat sich auf das Gastspiel mit dem inneren Vorbehalt eingelassen, dass eine bloße Killer-Rolle für ihn nicht in Frage komme.

Bruno Mechelke bringt am Ende das Dienstmädchen Piperkarcka um, und sein erster Auftritt gleich zu Beginn des ersten Aktes erfolgt beim Stichwort Mord. Sie werde sich in den Landwehrkanal stürzen, jammert die hochschwangere Piperkarcka, und ihren untreuen Bräutigam mit dem Mord auf dem Gewissen bestrafen. Ehe sie weiterreden oder zur Tat schreiten kann, erscheint Bruno auf der Bildfläche – „Schuberle buberle, ich bin's Jespenst" – und ist der Piperkarcka auf Anhieb unheimlich: „Den mecht ick Tierjarten Jrunewald nicht bejejnen – der Mensch erschrickt mir." Niemandem, auch nicht der berechnenden Frau John, die auf das Kind der polnischen Gastarbeiterin aus ist, dämmert in diesem Augenblick, dass sich der Abgrund bereits aufgetan hat. Aber selbstverständlich kann der Schauspieler von vornherein einen Bruno in Szene setzen, bei dem es jedem kalt über den Rücken läuft.

Die persönliche Abneigung gegen eine Schauspielkunst nach fertigen Charaktermustern bringt Gottfried John auf die schlichte Formel: „Wir haben im Grunde das Zeug zu allen Menschen in uns", was ebenso wenig ein Rätselsatz ist wie seine künstlerische Selbstbestimmung: „Mein Weg zu einer Rolle darf nicht weit sein." Die „Gedanken-Übertragung" bezeichnet er als den idealen Kontakt zwischen sich und dem Publikum.

Gottfried Johns Bruno ist ein düpiertes und resigniertes Kind, verkörpert in einem alten Jüngling, einem Milieukrüppel, der in der Schule des Lebens frühzeitig sitzengeblieben ist und aus eigenem Elan nur ganz notdürftig erwachsen werden konnte. Als Seelenstotterer, schlenkernd in seinem Existenzgehäuse, schlotternd in den durchgebeulten Anziehsachen, kommt er auf die Bühne und macht uns ohne irgendeine bösartige Absicht allein durch die Haltlosigkeit Angst.

Aber wie einer, der seit eh und je an Krücken geht, ist er auch Virtuose im Umgang mit seiner Behinderung, gewiss, ein zurückgebliebener Mensch, doch nicht etwa derart, als ob das infantile Gemüt ohne Charme und Sensibilität wäre. Das Glück ist schon voll, wenn er seine Faxen machen darf, ein bisschen Allotria am schmalen Lebensrand, und sei es nur, dass er wie ein Luftikus entlang der Teppichkante balanciert, während seine Schwester Jette, die herbe Frau John, über seinen Lebenswandel räsoniert und ihn nebenbei für ein dunkles Geschäft einspannt.

Die schmale Basis, nicht mehr als zwei Auftritte, genügt: Bruno Mechelke anfangs als Sozialkreatur, die sich mit ihrer traurigen Verlumptheit und einem Hauch von Penner-Noblesse gegen die Kleinbürger absetzt, und danach als Opfer seiner Tat, der Mörder, der zwar weiß, was er gemacht hat, aber nicht, wie ihm geschehen ist.

Ein schwarzer Strich in Noeltes kahler und fahler Bühnenlandschaft – das Individuum, verrucht einsam: die John'sche Wohnküche, bis tief nach hinten zum Leerraum auseinander gedehnt, schrumpft unter seinen Schritten, die erst riesig staksen und stampfen und sich dann, wie weggeschleudert von dem eigenen Kraftakt, verrennen und wegtrudeln. Den feinen Unterschied zu erfassen, dass er die Piperkarcka zwar aus der Welt schaffen, aber nicht umbringen sollte, war zu viel verlangt von Bruno. So schreitet er auch jetzt in der Küche der Schwester monströs aus, ohne Augenmaß und immer am Ziel vorbei. Er will mit der Sprache heraus, aber die Erinnerung taumelt, die Worte stolpern, der Hergang zerstückelt, und viel ist schließlich nicht gewesen. Das Blut fließt ihm aus der Nase, den Kopf nach hinten und den nassen Lappen im Nacken liegt er wie abgebrochen auf dem Fußboden – kein Baum, den das Schicksal gefällt hat, sondern nur ein Ast, der in die Gegend ragt.

(1978)

IV Frauenbilder – Männerbilder im Drama

Cordula Trantow und Gottfried John in Gerhart Hauptmanns „Ratten" an der Freien Volksbühne Berlin, 1978

V Spiel im Spiel – Hassenreuter und Spitta

1 Johann Wolfgang von Goethe: Zum Shakespeare-Tag

14. Oktober 1771
Wir ehren heute das Andenken des größten Wanderers und tun uns dadurch selbst eine Ehre an. Von Verdiensten, die wir zu schätzen wissen, haben wir den Keim in uns.

Erwarten Sie nicht, dass ich viel und ordentlich schreibe, Ruhe der Seele ist kein Festtagskleid; und noch zur Zeit habe ich wenig über Shakespeare gedacht; geahndet, empfunden, wenn's hoch kam, ist das Höchste, wohin ich's habe bringen können. Die erste Seite, die ich in ihm las, machte mich auf zeitlebens ihm eigen, und wie ich mit dem ersten Stücke fertig war, stund ich wie ein Blindgeborner, dem eine Wunderhand das Gesicht in einem Augenblicke schenkt. Ich erkannte, ich fühlte aufs Lebhafteste meine Existenz um eine Unendlichkeit erweitert, alles war mir neu, unbekannt, und das ungewohnte Licht machte mir Augenschmerzen. Nach und nach lernt ich sehen, und, Dank sei meinem erkenntlichen Genius, ich fühle noch immer lebhaft, was ich gewonnen habe.

Ich zweifelte keinen Augenblick, dem regelmäßigen Theater zu entsagen. Es schien mir die Einheit des Orts so kerkermäßig ängstlich, die Einheiten der Handlung und der Zeit lästige Fesseln unserer Einbildungskraft. Ich sprang in die freie Luft und fühlte erst, dass ich Hände und Füße hatte. Und jetzo, da ich sahe, wie viel Unrecht mir die Herrn der Regeln in ihrem Loch angetan haben, wie viel freie Seelen noch drinne sich krümmen, so wäre mir mein Herz geborsten, wenn ich ihnen nicht Fehde angekündigt hätte und nicht täglich suchte, ihre Türme zusammenzuschlagen.

Das griechische Theater, das die Franzosen zum Muster nehmen, war nach innerer und äußerer Beschaffenheit so, dass eher ein Marquis den Alcibiades nachahmen könnte, als es Corneillen dem Sophokles zu folgen möglich wär'. (...)

Shakespeares Theater ist ein schöner Raritätenkasten, in dem

die Geschichte der Welt vor unsern Augen an dem unsichtbaren Faden der Zeit vorbeiwallt. Seine Plane sind, nach dem gemeinen Stil zu reden, keine Plane, aber seine Stücke drehen sich alle um den geheimen Punkt, „den noch kein Philosoph gesehen und bestimmt hat", in dem das Eigentümliche unsres Ichs, die prätendierte Freiheit unsres Wollens, mit dem notwendigen Gang des Ganzen zusammenstößt. Unser verdorbner Geschmack aber umnebelt dergestalt unsere Augen, dass wir fast eine neue Schöpfung nötig haben, uns aus dieser Finsternis zu entwickeln. (...)
Die meisten von diesen Herren stoßen auch besonders an seinen Charakteren an.
Und ich rufe Natur! Natur! nichts so Natur als Shakespeares Menschen.
Da hab' ich sie alle überm Hals.
Lasst mir Luft, dass ich reden kann!
Er wetteiferte mit dem Prometheus, bildete ihm Zug vor Zug seine Menschen nach, nur in kolossalischer Größe; darin liegt's, dass wir unsre Brüder verkennen; und dann belebte er sie alle mit dem Hauch seines Geistes, er redet aus allen, und man erkennt ihre Verwandtschaft.
Und was will sich unser Jahrhundert unterstehen, von Natur zu urteilen? Wo sollten wir sie her kennen, die wir von Jugend auf alles geschnürt und geziert an uns fühlen und an andern sehen. Ich schäme mich oft vor Shakespearen, denn es kommt manchmal vor, dass ich beim ersten Blick denke, das hätt' ich anders gemacht! Hintendrein erkenn' ich, dass ich ein armer Sünder bin, dass aus Shakespearen die Natur weissagt, und dass meine Menschen Seifenblasen sind, von Romanengrillen aufgetrieben.

(1771)

2 Johann Wolfgang von Goethe: Regeln für Schauspieler

§ 2. Wer mit Angewohnheiten des Dialekts zu kämpfen hat, halte sich an die allgemeinen Regeln der deutschen Sprache und suche das neu Anzuübende recht scharf, ja schärfer auszusprechen, als es eigentlich sein soll. Selbst Übertreibungen sind in diesem Falle zu raten, ohne Gefahr eines Nachteils; denn es ist der menschlichen Natur eigen, dass sie immer gern zu ihren alten Gewohnheiten zurückkehrt und das Übertriebene von selbst ausgleicht.

§ 14. Um es in der Aussprache zur Vollkommenheit zu bringen, soll der Anfänger alles sehr langsam, die Silben und besonders die Endsilben stark und deutlich aussprechen, damit die Silben, welche geschwind gesprochen werden müssen, nicht unverständlich werden.

§ 35. Zunächst bedenke der Schauspieler, dass er nicht allein die Natur nachahmen, sondern sie auch idealisch vorstellen solle und er also in seiner Darstellung das Wahre mit dem Schönen zu vereinigen habe.

§ 39. Sie sollen daher auch nicht aus missverstandener Natürlichkeit untereinander spielen, als wenn kein Dritter dabei wäre; sie sollen nie im Profil spielen noch den Zuschauern den Rücken zuwenden. (...)

§ 87. Wie die Auguren mit ihrem Stab den Himmel in verschiedene Felder teilten, so kann der Schauspieler in seinen Gedanken das Theater in verschiedene Räume teilen, welche man auf dem Papier durch rhombische Flächen vorstellen kann. Der Theaterboden wird alsdann eine Art von Damenbrett; denn der Schauspieler kann sich vornehmen, welche Casen er betreten will; er kann sich solche notieren und ist alsdann gewiss, dass er bei leidenschaftlichen Stellen nicht kunstlos hin und wider stürmt, sondern das Schöne zum Bedeutenden gesellet.

(1805)

3 Gotthold Ephraim Lessing: Hamburgische Dramaturgie

Die Namen von Fürsten und Helden können einem Stück Pomp und Majestät geben; aber zur Rührung tragen sie nichts bei. Das Unglück derjenigen, deren Umstände den unsrigen am nächsten kommen, muss natürlicherweise am tiefsten in unsere Seele dringen; und wenn wir mit Königen Mitleiden haben, so haben wir es mit ihnen als mit Menschen, und nicht als mit Königen. Macht ihr Stand schon öfters ihre Unfälle wichtiger, so macht er sie darum nicht interessanter.

Was liegt daran, welches der Rang, der Geschlechtsname, die Geburt des Unglücklichen ist, den seine Gefälligkeit gegen unwürdige Freunde und das verführerische Beispiel ins Spiel verstricket, der seinen Wohlstand und seine Ehre darüber zugrunde gerichtet, und nun im Gefängnis seufzet, von Scham und Reue zerrissen? Wenn man fragt, wer er ist; so antworte ich: er war ein ehrlicher Mann, und zu seiner Marter ist er Gemahl und Vater; seine Gattin, die er liebt und von der er geliebt wird, schmachtet in der äußersten Bedürfnis und kann ihren Kindern, welche Brot verlangen, nichts als Tränen geben. Man zeige mir in der Geschichte der Helden eine rührende, moralischere, mit einem Worte, tragischere Situation! Und wenn sich endlich dieser Unglückliche vergiftet; wenn er, nachdem er sich vergiftet, erfährt, dass der Himmel ihn noch retten wollen: was fehlet diesem schmerzlichen und fürchterlichen Augenblicke, wo sich zu den Schrecknissen des Todes marternde Vorstellungen, wie glücklich er habe leben können, gesellen; was fehlt ihm, frage ich, um der Tragödie würdig zu sein? Das Wunderbare, wird man antworten. Wie? Findet sich denn nicht dieses Wunderbare genugsam in dem plötzlichen Übergange von der Ehre zur Schande, von der Unschuld zum Verbrechen, von der süßesten Ruhe zur Verzweiflung: kurz, in dem äußersten Unglücke, in das eine bloße Schwachheit gestürzet?

(1767)

4 Gustav Freytag: Die Technik des Dramas

Die Handlung des ernsten Dramas muss folgende Eigenschaften haben:
Sie muss eine fest geschlossene Einheit bilden.
Dies berühmte Gesetz hat bei Griechen und Römern, bei Spaniern und Franzosen, bei Shakespeare und den Deutschen sehr verschiedene Anwendung erfahren, welche zum Teil durch die Kunstgelehrten, zum Teil durch die Beschaffenheit der Bühnen veranlasst wurde. Das Verengen seiner Forderung durch die französischen Klassiker und der gegen die drei Einheiten von Ort, Zeit, Begebenheit geführte Kampf der Deutschen haben für uns nur noch ein literaturhistorisches Interesse. (...)
Aber auch das Leben von Privatpersonen ist seit Jahrhunderten aus dem äußeren Zwange bestimmender Überlieferung herausgehoben, mit Adel und innerer Freiheit, mit kräftigen Gegensätzen und Kämpfen angefüllt. Überall, wo in der Wirklichkeit ein Kreis weltlicher Ziele und Handlungen von der Zeitbildung durchdrungen ist, vermag aus seiner Lebenslust ein tragischer Held herauszuwachsen. Es kommt nur darauf an, ob ihm ein Kampf möglich ist, welcher nach der gemeingültigen Empfindung der Zuschauer ein großes Ziel hat und ob das Gegenspiel eine entsprechende, achtungswerte Tätigkeit entwickelt. Da aber die Wichtigkeit und Größe des Kampfes nur dadurch eindringlich gemacht werden kann, dass der Held die Fähigkeit besitzt, sein Inneres in großartiger Weise mit einer gewissen Reichlichkeit der Worte auszudrücken, und da diese Forderungen bei solchen Menschen, welche dem Leben der Neuzeit angehören, sich steigern, so wird auch dem modernen Helden auf der Bühne ein tüchtiges Maß seiner Zeitbildung unentbehrlich sein. Denn nur dadurch erhält er innere Freiheit. Deshalb sind solche Klassen der Gesellschaft, welche bis in unsere Zeit unter dem Zwang epischer Verhältnisse stehen, deren Leben vorzugsweise durch die Gewohnheiten ihres Kreises gerichtet wird, welche noch unter dem Druck solcher Zustände dahinsiechen, die der Hörer übersieht und als ein Unrecht verurteilt, solche endlich, welche nicht vorzugsweise befähigt sind, Empfindungen und Gedanken schöpferisch in Rede umzusetzen, zu Helden des Dramas nicht

gut verwendbar, wie kräftig auch in diesen Naturen die Leidenschaft arbeite, wie naturwüchsig stark ihr Gefühl in einzelnen Stunden hervorbreche.

Aus dem Gesagten folgt, dass das Trauerspiel darauf verzichten muss, seine Bewegung auf Motive zu gründen, welche von der Empfindung der Zuschauer als kläglich, gemein oder als unverständig verurteilt werden. Auch dergleichen Beweggründe vermögen einen Mann in den heftigsten Kampf mit seiner Umgebung zu treiben, aber die dramatische Kunst wird, im Ganzen betrachtet, nicht imstande sein, solche Gegensätze zu verwerten. Wer aus Gewinnsucht raubt, stiehlt, mordet, fälscht, wer aus Feigheit ehrlos handelt, wer aus Dummheit und Kurzsichtigkeit, aus Leichtsinn und Gedankenlosigkeit kleiner und schwächer wird, als die Verhältnisse ihn fordern, der ist als Held eines ernsten Dramas völlig unbrauchbar.

Wenn vollends ein Dichter die Kunst dazu entwürdigen wollte, gesellschaftliche Verbildungen des wirklichen Lebens, Gewaltherrschaft der Reichen, die gequälte Lage Gedrückter, die Stellung der Armen, welche von der Gesellschaft fast nur Leiden empfangen, streitlustig und tendenzvoll zur Handlung eines Dramas zu verwerten, so würde er durch solche Arbeit wahrscheinlich die Teilnahme seiner Zuschauer lebhaft erregen, aber diese Teilnahme würde am Ende des Stückes in einer quälenden Verstimmung untergehen. Die Schilderung der Gemütsvorgänge eines gemeinen Verbrechens gehört in den Saal des Schwurgerichts, die Sorge um Besserung der armen und gedrückten Klasse soll ein wichtiger Teil unserer Arbeit im wirklichen Leben sein, die Muse der Kunst ist keine barmherzige Schwester.

(1863)

VI „Die Ratten" als naturalistisches Drama

1 Günther Mahal: Sprache im naturalistischen Drama

Der erste Eindruck naturalistischer Sprache ist für den Zuschauer Schwerverständlichkeit, für den Leser optische Verwirrung: Der Stil von Pünktchen, Gedankenstrichen, Ausrufezeichen und eingeschobenen Autorenanweisungen macht ein kontinuierliches
5 Nachvollziehen unmöglich, zwingt den Leser (und auf der Bühne den Schauspieler) zum Entziffern des auktorial Vorgegebenen, zu einem zähen Prozess, der oft durch Dialektverwendung noch erschwert wird. Um nur ein bekanntes Beispiel zu erwähnen: Hauptmanns „Waber" sind für den Nicht-Schlesier schlicht-
10 weg unlesbar, und selbst die dem Hochdeutschen angenäherte „Weber"-Fassung bringt noch genügend Schwierigkeiten des Verstehens mit. Hinzu kommt die häufige Herkunft des Spielpersonals aus der Unterschicht, deren Sprechweise der naturalistische Autor dem Objektivitätspostulat entsprechend mit allen
15 Verstößen gegen eine „normale" Redeform abbildet. (...)
Die mimetische Reproduktion der Alltagssprache, welche die Naturalisten als Novum in die deutsche Literatur einführen, stellt einen radikalen Bruch mit der bisherigen Dichtungssprache dar: Angestrebt ist eine Form der Redeweise, die sich alles Poeti-
20 schen, alles Fiktionalen im herkömmlichen Sinn enthält. (...)
Konventionelles Schiller-Pathos – wie es noch der stellungslose Theaterdirektor Hassenreuter in Hauptmanns „Ratten" seinen Schülern als ewig gültiges Gesetz der hohen Deklamierschule einzutrichtern versucht – ist nicht mehr möglich: Anstelle mono-
25 ton gewichtiger, bedeutungsträchtiger Fanfarenstöße ist die differenzierte wie diffizile Feinabstimmung eines stimmlich-mimetischen Klangkörpers gerückt, anstelle der „Oberlehrer"-Diktion der oft – dialektisch, elliptisch, bloß-interjektional – restringierte Code, den neben „Arbeitsmännern" und „armen Näherinnen"
30 auch Oberlehrer sprechen, wenn sie nicht gerade vom Katheder herab dozieren. Auf eine – kaum zu pauschale – Formel gebracht: Sprachen die Bühnengestalten des Blankversttheaters

VI „Die Ratten" als naturalistisches Drama

allesamt die poetische Sprache ihres Autors, so verteilt nun der Autor aufgrund genau beobachteter Individualsprachen, Dialekte und Soziolekte samt deren jeweils mutierenden Tonlagen die Sprach-Rollen; statt eines durchgängigen metrischen Schemas, dem der Kronprätendent ebenso entspricht wie der reitende Bote, die Mätresse wie die Kammerzofe, wird nun Durchgängigkeit, Konsistenz nur noch für die einzelne Person sprachlich realisiert, etwa mit redensartlichen Stereotypen wie dem „nu ja" des ollen Kopelke in Holz/Schlafs „Familie Selicke", mit syntaktisch charakteristischen Mustern wie Inversion oder Ellipse. Szenen hochgradiger Erregung oder Episoden von Affektstatus mit deutlicher Explosionslatenz hatte auch das konventionelle Drama zur Genüge gekannt – doch waren auch in solchen Situationen die Blankverse oder andere Metren nicht verlassen worden, waren sie weitergesprudelt und allenfalls in der Wortwahl bombastischer, pathetischer geworden: Sprachliches Zögern oder gar Versagen war zumeist obsolet; wo die real gedachten Bühnenfiguren von ihrer Zunge im Stich gelassen worden wären, half der Autor mit Eloquenz und metrischer Sicherheit nach. Dem Naturalismus schien solche Nivellierung als unwahr, verlogen, wirklichkeitsfremd. Er ersetzte das Über-alles-hinweg-reden-Können durch ein differenziertes Instrumentarium der weitgehenden Sprachverlassenheit oder der vollkommenen Sprechunmöglichkeit: durch Mimik, Pantomimik und Gestik. (...)
Sprachliche Mittel – samt Dialekt, Soziolekt und Psycholekt – wie außersprachliche Mittel dienen dem naturalistischen Autor zu einem nicht mehr überbietbaren Verismus in der Abbildung verbalen und nicht verbalen Alltagsverhaltens. Er lässt seine Gestalten in der Tat ihre eigene Sprache reden oder in Sprachnot kommen, ohne harmonisierend und nivellierend einzugreifen; er referiert lediglich, was zuvor genau beobachtet und der Wirklichkeit entnommen wurde: Menschen mit sprachlichen Nachlässigkeiten, Eigenheiten, Schwierigkeiten. Wie die vorangeschickten Szenenanweisungen den Bühnenraum bis ins letzte „programmieren", so konzentriert die Sprache der Gestalten ihren ökonomischen und mentalen Standard: sie „verrät" vor allen inhaltlichen Aussagen ihren jeweiligen Träger.
(1975)

2 Werner Keller: Der Raum im naturalistischen Drama

Die leicht erkennbare Tatsache, dass Raumkonzeption und Bühnengestaltung historisch einem steten Wandel unterliegen, evoziert die Einsicht, dass beide nicht isoliert oder gar nur strukturell gesehen werden können, sondern dass außerästhetische Faktoren als grundlegend mitbestimmend einbezogen werden müssen. Vergleicht man etwa die Raumvorstellung, wie sie dem klassischen Drama zugrunde liegt, mit der, die das naturalistische Drama trägt, so sind größere Gegensätze in der Wahl und Funktionalität der Schauplätze kaum denkbar. Hier offenbart sich in einem begrenzten Bereich der sozial- und geistesgeschichtliche Prozess, der Anfang und Ende des 19. Jahrhunderts gleichsam als Exponenten möglicher Wirklichkeitserfahrung sichtbar voneinander abhebt.

Bildet auf der einen Seite ein metaphysisch ausgerichtetes Weltbild, das das Leben in ein ideelles Ordnungsgefüge integriert, die Grundlage des Denkens, so dominiert am Ende des 19. Jahrhunderts eine primär materialistische Wirklichkeitssicht.

Sie ist ein Produkt des tief greifenden sozialen Wandels, der sich u. a. durch die Industrialisierung in Deutschland vollzieht und die sozialen Gegensätze speziell in der Bismarck'schen Ära konsequent in das Bewusstsein der Öffentlichkeit rückt. Sozialrevolutionäre Ideen – nach der gescheiterten Revolution von 1848 verschüttet – bestimmen die Auseinandersetzungen, die sich zunehmend verschärfen.

Das Vordringen der Naturwissenschaften, die sich aus der Philosophie ausgrenzen, die Herausbildung von Evolutions- und Milieutheorien bezeichnen den geistigen Hintergrund der gesellschaftlichen Entwicklung.

In den Programmen und Manifesten der Naturalisten kehren diese Ideen – wenn auch oft ungenau und einseitig rezipiert – wieder und bestimmen die Konzeption einer neuen Literatur, die sich der kritischen Wiedergabe der empirischen Realität verschreibt. Besonders das Drama als bevorzugte Gattung ist davon betroffen, was Gestaltung und Bedeutungsqualitäten des Raumes entscheidend beeinflusst.

VI „Die Ratten" als naturalistisches Drama

Äußerliches Kennzeichen für die gewandelte Raumkonzeption im naturalistischen Drama sind die Szenenanweisungen. Vergleicht man sie mit den lakonischen Anmerkungen im klassischen Drama, wo sie lediglich den repräsentativen Rahmen des Geschehens andeuten, eingebettet in eine entstofflichte, geistig-ideelle Wirklichkeit, bekommen sie im naturalistischen Drama geradezu den Charakter von Prosaskizzen, die – mehr oder minder bühnenbezogen – einen Ausschnitt aus einer genau beobachteten sozialen Wirklichkeit vermitteln. Mit Akribie beschreibt Hauptmann in seinen früheren Dramen jedes Detail von Innenräumen und stellt das Milieu selbst in seine ihm adäquate Umwelt. Die Kommentare zu Beginn und inmitten der Akte, die zum Teil Regiebüchern gleichen, werden ergänzt durch dialogische Bezüge, die die neue Bedeutung des Raumes kennzeichnen.

Sie besteht als erstes in der Charakterisierung der sozialen und individuellen Situation der handelnden Figuren. Dem Anspruch gemäß, Lebenswirklichkeit wiederzugeben, eröffnen gegenständliche Details Einblick in die spezifischen Gegebenheiten des dargestellten Milieus. (...)

Die enge Verbindung von Mensch und Raum, die in seiner charakterisierenden Funktion zum Ausdruck kommt, gibt zugleich Hinweise auf seine bestimmende Funktion, die ihn als kollektive Macht ausweist. Entsprechend der von außen nach innen gehenden Betrachtungsweise der Naturalisten wird der Raum als Determinationsprinzip zum Handlungsträger, der dem Individuum eigenständig und bedrohlich gegenübertritt.

(1976)

3 Karl S. Guthke: Die Funktion der Tragikomödie

Tragikomische Stimmungswelt hat auch Hauptmanns gelungenste Tragikomödie „Die Ratten" (1911). (...) Zwei Welten treffen sich da unharmonisch in dem Dachgeschoss einer ehemaligen Kavalleriekaserne. Die Kostüme des Theaterfundus des Ex-Theaterdirektors Hassenreuter bauen eine Welt der heroischen und tragischen Größe auf; aber mit größter Sorgfalt wird als Kontrast das armselige Mietskasernenmilieu des Dachbodens, eine Welt der kleinlichen Enge und unfreiwilligen Lächerlichkeit gezeichnet. Berliner Straßenlärm, Kindergeschrei, Leierkastenmusik, Laster, niedrigste Verbrechen, komische Figuren und „Bassermann'sche Gestalten" dringen in die Rumpelkammer, in der die lorbeerbekränzte Karl-Moor-Fotografie und die Kostüme hängen, (...), und so relativieren sie sich gegenseitig zum synthetischen Gefühlseindrucke des Tragikomischen. Das skurrile Berliner Vorstadtmilieu und die erhaben heroische Welt der *Haute Tragédie* setzen sich durch ihre Inkommensurabilität ununterbrochen gegenseitig sowohl in tragisches wie auch komisches Licht. (...)

Ganz in den Charakter hinein genommen ist das Tragikomische bei dem ehemaligen Theaterdirektor Harro Hassenreuter, der für seine Kostümsammlung eben jenen Dachboden gemietet hat, wo Frau John die Piperkarcka trifft. Seine Komik, aber zugleich seine Tragik ist es, lediglich die Summe seiner „Rollen", seiner Masken zu sein, ohne einen eigenen substantiellen Wesenskern zu besitzen. In Hauptmanns Menschengestaltung ist diese Charakterproblematik in der Weise bewältigt, dass Hassenreuter keine eigene Sprache spricht, sondern sich unausgesetzt komisch in Zitaten und literarischen Anspielungen ergeht. (...)

Frau John jedoch (...) kauft dem polnischen Dienstmädchen Piperkarcka ihr Kind ab und tut vor der Welt so, als sei es ihr eigenes. Dieser Schritt ist tiefernst motiviert durch den traumatisch wirkenden Tod des ersten Kindes. (...) Ihre ganze Welt besteht oder zerbricht also mit der Erfüllung oder Verweigerung des Wunsches nach einem Kind. Das Mutterverlangen entspringt einer im potentiell Tragischen wurzelnden Existenz.

(1961)

4 Hans Joachim Schrimpf: Das Rattensymbol

Das Rattensymbol, das dem Stück den Titel gegeben hat, ist aber durchaus zweideutig. Es verweist nicht nur darauf, dass die alte bürgerliche Ordnung mit ihren Moralkonventionen und ihrer erstarrten Religion hohl und abbruchreif geworden ist, sondern zugleich auch darauf, dass die sozialethischen Reformer, wie etwa der entlaufene Theologiestudent Spitta, mit ihren an sich berechtigten Forderungen ihrerseits den allgemeinen Verfalls- und Zerstörungsprozess notwendigerweise noch vorantreiben müssen. Sie sind das gleichfalls destruktive Gegenbild jener inhumanen Ordnung, abhängiges Produkt noch ihres eigenen Gegensatzes. Der Maurerpolier John, der an die Wand klopft, hat das Gefühl, dass alles dahinter hohl sei.

Zu den Ratten also, welche die unmenschlich gewordene Bürgerkultur selbst freigesetzt hat, gesellen sich jene Ratten, die gerade um dieser bedrohten Humanität willen die Fassade der Bürgerideologie zum Einsturz bringen sollen. Den Bismarck-Verehrer und klassizistischen Theaterdirektor Hassenreuter trifft die ganze Schärfe demaskierender Ironie, wenn er den Gesinnungsgenossen des jungen Spitta vorwirft: „Sie sind ein Symptom ... Sie sind eine Ratte! Aber diese Ratten fangen auf dem Gebiete der Politik – Rattenplage! – unser herrliches neues geeinigtes Deutsches Reich zu unterminieren an. Sie betrügen uns um den Lohn unserer Mühe, und im Garten der deutschen Kunst – Rattenplage! – fressen sie die Wurzeln des Baumes des Idealismus ab." Denn gerade er selbst, Hassenreuter, ist ein Symptom, eben in seinem geistigen Rüstzeug wie seinem theatralischen Fundus auf dem Dachboden nisten die Ratten. Es ist die verlogene Scheinwirklichkeit seines komisch und unmenschlich zugleich wirkenden Bürgertums, was die Neuerer der jungen Generation ins Recht setzt, was es ihnen geradezu zum sittlichen Gebot macht, „die Wurzeln des Baumes des Idealismus" abzufressen. Und doch kennzeichnet es die doppelte Ironie dieses Stücks, dass auch die sozialen Neuerer selbst wieder in ihrer rein oppositionellen Haltung einer makabren Blindheit wirklichem menschlichen Leiden gegenüber verfallen.

(1963)

VII Berliner Kontexte um 1900

1 Ein Armenarzt berichtet

Die Eichendorffstraße, dicht am Nordende der nordsüdlichen Hauptader Berlins, der Friedrichstraße, und am Stettiner Bahnhof gelegen, gehörte damals zum Quartier latin, das sich, wie mir scheint, seitdem mit der Verbesserung der Transporteinrichtungen immer mehr nach der Gegend des Zoologischen Gartens und dem Savigny-Platz hin verlegt hat. Das heißt, es gab dort viel Kleinbürgertum, namentlich von alten Leuten, die von der Vermietung der Zimmer an die Studenten lebten, und kolossal viel Prostitution. Es gab außerdem sehr viele Arbeiter, wenn auch nicht gerade von der alleruntersten Schicht der Lumpenproletarier; mehr Gelernte als Ungelernte.
Hier sah ich zum ersten Male mit immer wachsendem Verständnis und immer größerem Grauen in das Medusenantlitz der sozialen Frage. Es war eine Kleineleutepraxis, oft sogar eine Armeleutepraxis; es kam immer öfter vor, dass sich ganze arme Familien an mich statt an den offiziellen Armenarzt wendeten; das ganze Elend der Großstadt entblößte sich vor meinen Augen, und die soziale Bedingtheit so vieler Krankheiten drängte sich mir auf. Als Arzt der Sanitätswache hatte ich häufig die Folgen von schweren Schlägereien zu behandeln. (...)
Alle paar Wochen wurde ich in eines der finsteren kleinen Absteigequartiere jener Gegend gerufen, um einem Selbstmörderpaare die Totenscheine auszustellen; und ich hatte eine ganz regelmäßige Einnahme aus der Bescheinigung von blauen Flecken und derartigen kleinen Schäden, Attesten, die der erfolgreichen Anstrengung eines Prozesses dienen sollten. Entsetzliche Rohheit, beschämende Unbildung, grässliche Unwissenheit!
Und die übliche Praxis? An der Spitze marschierte die tödliche Seuche, die damals noch die Säuglinge der Großstadt mehr als zehntete: die Kindercholera, die Sommerdiarrhöe, die mir selbst vor langer Zeit meinen geliebten kleinen Bruder Georg geraubt hatte. Wir kannten die Ursache: verdorbene Milch und schlechte Luft in den überhitzten Mietskasernen, in die auch die Nacht

VII Berliner Kontexte um 1900

keine Kühlung bringen konnte, weil die aneinander gedrängten Mauermassen nachts die Hitze ausströmten, die sie am Tage aufgesogen hatten. Vor allem in den engen Höfen mordete die Seuche. Ein berühmter Arzt sagte damals in bitterer Empörung: „Die armen Kinder werden erst auf dem Totenbette kühl." Wie viel Totenscheine habe ich ausgestellt für solche Würmchen, die ich vorher nie gesehen hatte! Der Tod hatte sie fast mit der Geschwindigkeit eines Blitzes dahingerafft. An zweiter Stelle kam der Zahl nach die Tuberkulose, namentlich in ihrer Gestalt als Lungenschwindsucht ...

(1890)

„Von wat is se denn jestorb'n?" „Unse Wohnung is zu nass!"
Karikatur von Heinrich Zille (1858–1929)

2 Annemarie Lange: Bismarcks Dilemma

Bismarck saß in der Klemme. Die Milliarden-Ära war vorüber. Wollte Deutschland als erster Militärstaat weiter an der Spitze Europas marschieren, mussten sofort neue Steuerquellen erschlossen werden, und dafür verlangten die durch die Wirtschaftskrise schwer aufgeregten und angeschlagenen Industriellen immer energischer Konzessionen auf dem Gebiete der Schutzzollgesetzgebung; dazu aber musste die Opposition der konservativen Großgrundbesitzer gebrochen werden. Bismarck war gewillt, jetzt aufs Ganze zu gehen. „Kornzoll gegen Eisenzoll" lautete die Devise, unter der die Wilhelmstraße ein Kartell zwischen „Schlot- und Landjunkern" zu vermitteln suchte – auf Kosten der Konsumenten, der arbeitenden Bevölkerung – und eine Umwälzung der gesamten Handels- und Wirtschaftspolitik in die Wege leitete. Diese Ausplünderung der Massen konnte nicht durchgeführt werden, wenn es nicht vorher gelang, die gesamte Nation einzuschüchtern und vor allem ihren aktionsbereitesten Teil, die Arbeiterschaft, gewaltsam zum Schweigen zu bringen. Darin waren sich Regierung und Großkapital durchaus einig.

Agrarische Schutzzölle aber richteten sich in erster Linie gegen Russland, und gerade außenpolitisch stand keineswegs alles zum Besten. Seit dem Berliner Kongress hatten sich die deutsch-russischen Beziehungen wesentlich verschlechtert und sollten im folgenden Jahr einen Tiefstand erreichen. Die zaristische Regierung war unzufrieden mit der Wilhelmstraße, zumal mit der Haltung der deutschen Vertreter in den internationalen Kommissionen zur Ausführung des Berliner Vertrags, die auf eine Einschränkung des russischen Übergewichts hinarbeiteten; und da war man in Petersburg empfindlich.

(1984)

3 Bismarck ohne Maske

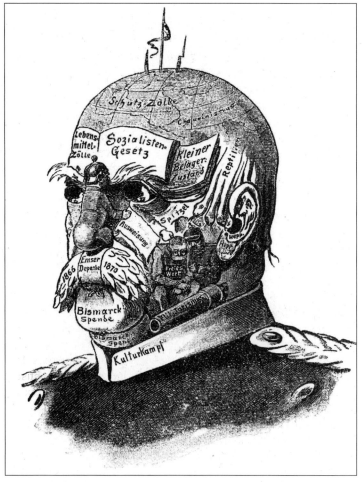

Bismarck ohne Maske. Karikatur aus dem „Wahren Jacob", 1878

VIII Literarische Kontexte

1   1. Buch der Könige, 3,16–28: Salomos Urteil

Zu der Zeit kamen zwei Huren zum König und traten vor ihn. Und die eine Frau sprach: Ach, mein Herr, ich und diese Frau wohnten in *einem* Hause, und ich gebar bei ihr im Hause. Und drei Tage, nachdem ich geboren hatte, gebar auch sie. Und wir
5 waren beieinander, und kein Fremder war mit uns im Hause, nur wir beide. Und der Sohn dieser Frau starb in der Nacht; denn sie hatte ihn im Schlaf erdrückt. Und sie stand in der Nacht auf und nahm meinen Sohn von meiner Seite, als deine Magd schlief, und legte ihn in ihren Arm, und ihren toten Sohn legte sie in
10 meinen Arm. Und als ich des Morgens aufstand, um meinen Sohn zu stillen, siehe, da war er tot. Aber am Morgen sah ich ihn genau an, und siehe, es war nicht mein Sohn, den ich geboren hatte. Die andere Frau sprach: Nein, mein Sohn lebt, doch dein Sohn ist tot. Jene aber sprach: Nein, dein Sohn ist tot, doch mein
15 Sohn lebt. Und so redeten sie vor dem König. Und der König sprach: Diese spricht: Mein Sohn lebt, doch dein Sohn ist tot. Jene spricht: Nein, dein Sohn ist tot, doch mein Sohn lebt. Und der König sprach: Holt mir ein Schwert! Und als das Schwert vor den König gebracht wurde, sprach der König: Teilt das leben-
20 dige Kind in zwei Teile und gebt dieser die Hälfte und jener die Hälfte. Da sagte die Frau, deren Sohn lebte, zum König – denn ihr mütterliches Herz entbrannte in Liebe für ihren Sohn – und sprach: Ach, mein Herr, gebt ihr das Kind lebendig und tötet es nicht! Jene aber sprach: Es sei weder mein noch dein; lasst es
25 teilen! Da antwortete der König und sprach: Gebt dieser das Kind lebendig und tötet es nicht; die ist seine Mutter. Und ganz Israel hörte von dem Urteil, das der König gefällt hatte, und sie fürchteten den König; denn sie sahen, dass die Weisheit Gottes in ihm war, Gericht zu halten.

2 Bertolt Brecht: Der kaukasische Kreidekreis, 6. Bild (Auszug)

Die reiche Gouverneursfrau Abaschwili überlässt ihr Kind der Amme Grusche zur Erziehung. Als ihr Dorf überfallen wird, rettet die Gouverneursfrau nur sich und ihren Besitz. Grusche bleibt trotz aller Gefahr bei dem zurückgelassenen Kind und zieht es wie ihr eigenes auf. Jahre später will die Gouverneursfrau ihr Kind zurück; Grusche, die es gerettet und großgezogen hat, will das Kind nicht hergeben. Der Fall kommt vor das Gericht und der Richter Azdak muss nach den Aussagen ein Urteil fällen.

Azdak (...) Ich brauch das Kind. *Winkt Grusche zu sich und beugt sich zu ihr, nicht unfreundlich.* Ich hab gesehen, daß du was für Gerechtigkeit übrig hast. Ich glaub dir nicht, daß es dein Kind ist, aber wenn es deines wär, Frau, würdest du da nicht wollen, es soll reich sein? Da müßtest du doch nur sagen, es ist nicht deins. Und sogleich hätt es einen Palast und hätte die vielen Pferde an seiner Krippe und die vielen Bettler an seiner Schwelle, die vielen Soldaten in seinem Dienst und die vielen Bittsteller in seinem Hofe, nicht? Was antwortest du mir da? Willst du's nicht reich haben?
Grusche schweigt.
Der Sänger Hört nur, was die Zornige dachte, nicht sagte. *Er singt:*

    Ginge es in goldnen Schuhn
    Träte es mir auf die Schwachen
    Und es müßte Böses tun
    Und könnte mir lachen.

    Ach, zum Tragen, spät und frühe
    Ist zu schwer ein Herz aus Stein
    Denn es macht zu große Mühe
    Mächtig tun und böse sein.

VIII Literarische Kontexte

30   Wird es müssen den Hunger fürchten
        Aber die Hungrigen nicht!
        Wird es müssen die Finsternis fürchten
        Aber nicht das Licht.

Azdak Ich glaub, ich versteh dich, Frau.
Grusche Ich geb's nicht mehr her. Ich hab's aufgezogen, und es kennt mich.
Schauwa führt das Kind herein.
Die Gouverneursfrau In Lumpen geht es!
Grusche Das ist nicht wahr. Man hat mir nicht die Zeit gegeben, daß ich ihm sein gutes Hemd anzieh.
Die Gouverneursfrau In einem Schweinekoben war es!
Grusche *aufgebracht:* Ich bin kein Schwein, aber da gibt's andere. Wo hast du dein Kind gelassen?
Die Gouverneursfrau Ich werd's dir geben, du vulgäre Person. *Sie will sich auf Grusche stürzen, wird aber von den Anwälten zurückgehalten.* Das ist eine Verbrecherin. Sie muß ausgepeitscht werden, sofort!
Der zweite Anwalt *hält ihr den Mund zu.* Gnädigste Natella Abaschwili! Sie haben versprochen ... Euer Gnaden, die Nerven der Klägerin ...
Azdak Klägerin und Angeklagte! Der Gerichtshof hat euren Fall angehört und hat keine Klarheit gewonnen, wer die wirkliche Mutter dieses Kindes ist. Ich als Richter hab die Verpflichtung, daß ich für das Kind eine Mutter aussuch. Ich werd eine Probe machen. Schauwa, nimm ein Stück Kreide. Zieh einen Kreis auf den Boden. *Schauwa zieht einen Kreis mit Kreide auf den Boden.* Stell das Kind hinein! *Schauwa stellt Michel, der Grusche zulächelt, in den Kreis.* Klägerin und Angeklagte, stellt euch neben den Kreis, beide! *Die Gouverneursfrau und Grusche treten neben den Kreis.* Faßt das Kind bei der Hand. Die richtige Mutter wird die Kraft haben, das Kind aus dem Kreis zu ziehen.
Der zweite Anwalt *schnell:* Hoher Gerichtshof, ich erhebe Einspruch, daß das Schicksal der großen Abaschwili-Güter, die an das Kind als Erben gebunden sind, von einem so zweifelhaften Zweikampf abhängen soll. Dazu kommt: Meine Man-

dantin verfügt nicht über die gleichen Kräfte wie diese Person, die gewohnt ist, körperliche Arbeit zu verrichten.

Azdak Sie kommt mir gut genährt vor. Zieht!

Die Gouverneursfrau zieht das Kind zu sich herüber aus dem Kreis. Grusche hat es losgelassen, sie steht entgeistert.

Der erste Anwalt *beglückwünscht die Gouverneursfrau:* Was hab ich gesagt? Blutsbande!

Azdak *zu Grusche:* Was ist mit dir? Du hast nicht gezogen.

Grusche Ich hab's nicht festgehalten. *Sie läuft zu Azdak.* Euer Gnaden, ich nehm zurück, was ich gegen Sie gesagt hab, ich bitt Sie um Vergebung. Wenn ich's nur behalten könnt, bis es alle Wörter kann. Es kann erst ein paar.

Azdak Beeinfluß nicht den Gerichtshof! Ich wett, du kannst selbst nur zwanzig. Gut, ich mach die Probe noch einmal, daß ich's endgültig hab. Zieht!

Die beiden Frauen stellen sich noch einmal auf. Wieder läßt Grusche das Kind los.

Grusche *verzweifelt:* Ich hab's aufgezogen! Soll ich's zerreißen? Ich kann's nicht.

Azdak *steht auf:* Und damit hat der Gerichtshof festgestellt, wer die wahre Mutter ist. *Zu Grusche:* Nimm dein Kind und bring's weg. Ich rat dir, bleib nicht in der Stadt mit ihm. *Zur Gouverneursfrau:* Und du verschwind, bevor ich dich wegen Betrug verurteil. Die Güter fallen an die Stadt, damit ein Garten für die Kinder draus gemacht wird, sie brauchen ihn, und ich bestimm, daß er nach mir ‚Der Garten des Azdak' heißt.

Die Gouverneursfrau ist ohnmächtig geworden und wird vom Adjutanten weggeführt, während die Anwälte schon vorher gegangen sind. Grusche steht ohne Bewegung. Schauwa führt ihr das Kind zu.

(...)

Der Sänger

Und nach diesem Abend verschwand der Azdak und ward nicht
   mehr gesehen.
Aber das Volk Grusiniens vergaß ihn nicht und gedachte noch
   Lange seiner Richterzeit als einer kurzen
Goldenen Zeit beinah der Gerechtigkeit.

(1944/1945)

IX „Die Ratten" auf der Bühne

1 Siegfried Jacobsohn: Uraufführungskritik 1911

Hauptmanns Berliner Tragikomödie – wo man sie anfasst, morsch in allen Gliedern! Sie ist nur gedacht, nicht gemacht. Ein beklemmender Anblick, die zitternde Poetenhand unsicher kritzeln und mühselig stricheln zu sehen, was sie ehemals in kla-
5 ren, festen, schönen Zügen hinwarf (...). Diese jüngste Dichtung also hat kein Leben. Hauptmann mag ein pittoreskes Spiel zwischen bizarren, aber hohlen, und alltäglichen, aber elementaren Menschen vorgeschwebt haben; ein Spiel lächerlicher Irrungen und hochfliegender Bestrebungen, blinder Verkettungen und
10 wilder Zwänge; ein Spiel, das gleichzeitig ein bisschen Licht ins dunkle Mysterium des Lebens und ein fünfaktiges brettergerechtes und vielfach lustiges Drama auf die Bühne gebracht hätte. Ich weiß nur nicht, was leerer ausgeht: ob das Theater oder mein Erkenntnisdrang. Die Komik dieser Tragikomödie ist
15 unfreiwillig. Karikaturen und Schatten, Bälge und Puppen torkeln zu abgeschmackten Possenszenen zusammen. Zum Teil haben diese ihren Unwert in sich; zum Teil dienen sie dazu, zwischen zwei nicht ganz überflüssigen Szenen die Brücke zu schlagen. So mangelhaft nämlich ist der Plan des Stückes, dass eine
20 Fülle von zeitraubenden Hilfskonstruktionen nötig sind, damit überhaupt ein Stück entsteht. Figuren tauchen auf, locken einen einzigen (obendrein gleichgültigen) Charakterzug einer andern (dramatisch entbehrlichen) Figur an den Tag und verschwinden auf Nimmerwiedersehen. Aber Harro Hassenreuter bleibt, der
25 angegraute Thespis, der im Dachgeschoss der ehemaligen Kavalleriekaserne, zwischen Rüstungen, Kostümen, Kränzen und Perücken ein eitel-schwatzhaftes Kulissendasein ehebrechend und kunstschändend weiterführt. Mag es Blasphemie sein: wenn dieser Narr nicht aus der „Pension Schöller" stammt, ge-
30 hört er sicherlich hinein. Das Drama lebt von Kontrasten. Schön. Nur dass eine innere Beziehung auch zwischen den Kontrasten herrschen muss, dass nicht die Willkür eines ratlosen Poeten sie ersonnen haben darf. Was soll wohl damit bewiesen werden,

IX „Die Ratten" auf der Bühne

was besagt es für das Drama und das Weltbild Hauptmanns, dass Familie Hassenreuter grade steigt, als Jette John zugrunde geht? Es ist nichts als ein ausgeklügeltes Zusammentreffen, als ein Epigramm, aus dem keine Lehre, kein Sinn, keine Erschütterung, kein Lächeln und nicht einmal irgend ein grober Theatereffekt herausspringt. Das alles ist dumm, zufällig, unorganisch, unverzahnt, schludrig, geistlos und witzlos. Man ahnt, was es werden sollte; aber man sieht, dass es nichts geworden ist.
Steht es mit der andern Hälfte besser? Die Tragödie dieser Tragikomödie will die großen Worte, die in der angeblichen Komödie verulkt, mit untauglichen Mitteln verulkt werden, durchaus ernst genommen wissen. Hier lauten die großen Worte: Mutterschaft, Mutterliebe, Mutterleid, und was es sonst an Zusammensetzungen geben mag. Davor bleiben Menschenseelen nicht leicht taub. Aber es ist ein entscheidender Irrtum des Dichters, dass er es für ausreichend hält, diese Worte mit Flammenschrift – wär' es Flammenschrift! – an den Theaterhimmel zu malen, oder, um das Gleichnis zu wechseln, die allgemeine Melodie dieses Urtriebs anzustimmen, anstatt eine neue, eine eigne, seine Melodie zu erfinden, und sie hell und rein zu singen. Jette John, Berliner Maurersgattin, wünscht sich brennend ein Asyl für ihre obdachlos gewordenen Mutterregungen. Pauline Piperkarcka gibt mit Freuden ihr unehelich und neu Geborenes her. Als es zu spät ist, wird das Polenmädchen auch im Herzen Mutter. Es kommt zu Eifersucht und Faustkampf, zu (schwer durchdringlichen) Verwicklungen und (theatralisch unglaubhaften) Missverständnissen, am Ende gar zu Mord und Totschlag. Frau Jette John, ein argloses Geschöpf, ist unheilvoll verstrickt. Als ihre Lage für ihr dumpfes Kleinhirn hoffnungslos geworden ist, rennt sie davon und in den Tod. Ein mächtiger Vorwurf, Anlass zu den schmerzlich-schönsten Klängen. Bei Hauptmann hört man, oder höre ich, nur abgerissene Töne, die in den lärmenden Dissonanzen schwankhafter und unmotivierter Vorgänge untergehen, wieder auftauchen, vergebens gegen die dicke Instrumentierung ankämpfen und ohnmächtig ersterben.

(1911)

2 Robin Detje: G. Hauptmanns „Ratten" in der Regie von Armin Petras

Im Vergleich mit der Inszenierung des West-Regisseurs Thalheimer am Ost-Theater DT ist die Aufführung der „Ratten" durch den Ost-Regisseur Armin Petras an der West-Bühne Thalia Theater in Hamburg ein Meisterwerk des Hinsehens und der Menschenliebe. Petras lässt auf einer hierarchisch in ein Oben und ein Unten geteilten Bühne (von Susanne Schuboth) spielen. Das in die Rückwand geschnittene Oben bildet dabei einen kleinen Guckkasten im Guckkasten, aus dem man amüsiert auf die da unten herabblicken kann. Gegeben wird ein Kasperletheater, eine Commedia dell' Arte. Manchmal werden die Schauspieler dabei eingeschnürt, manchmal großartig entfesselt. Besonders die da oben, der Theaterdirektor Hassenreuter und seine Familie, sind komische Figuren. Die da unten, Frau John (Natali Seelig) und ihr Mann, der Maurerpolier (Peter Kurth), haben es auszubaden. Petras radikalisiert Hauptmanns Setzung, nach der *auch* Proletarier Tragödienfiguren sein können: Bei ihm sind sie die ausschließlichen Tragikträger. Der unglückliche Schauspielschüler Erich Spitta (Thomas Schmauser) muss ständig zwischen oben und unten hin und her springen und schlägt sich dabei fabelhaft die Knie blutig.

Petras' Inszenierung war die einzige der hier vorgestellten Hauptmann-Aufführungen, die in echter Liebe für die Figuren des Stücks über den Beweis des Formwillens der Veranstaltung hinausgegangen ist. Der Regisseur hat die Figuren bis zum Schluss in die Tragödie begleitet und sie tun lassen, was ihr Autor fand, dass sie tun müssen. Das ist der entscheidende Moment dieser bemerkenswerten Inszenierung: Der Augenblick, an dem der Regisseur den modischen Absprung ins Unverbindliche verpasst und sich entschließt, das Stück zu Ende spielen zu lassen, auch wenn es weh tut. In Petras' scharfem Blick auf die „Unterschicht", um Noltes Begriff zu verwenden, sind die Möglichkeiten der Auseinandersetzung und der Selbsterkenntnis tragisch begrenzt. Aber die Gefühle sind hoch und rein, die Verzweiflung ist echt, und der Tod ist tödlich.

(2004)

3 Drei Frauen

Gerhart Hauptmann: Die Ratten
Szene zu Beginn des 5. Aktes
Wuppertaler Bühnen, Premiere: 25. Februar 2006
Regie: Robin Telfer
Darsteller: An Kuohn, Andrea Witt, Anja Barth

Zeittafel zu Leben und Werk

1862   15. November. Gerhart Hauptmann in Ober-Salzbrunn in Schlesien als viertes Kind des Hotelbesitzers Robert Hauptmann und seiner Frau Marie geboren.

1878–79   Der junge Hauptmann ist Landwirtschaftseleve auf dem Rittergut Lohnig. Erste Gedichte. Nach Beendigung der Elevenzeit 1879 muss Hauptmann aus gesundheitlichen Gründen den Gedanken aufgeben, Landwirt zu werden.

1879–80   Private Vorbereitung auf das Einjährigen-Examen, das aber scheitert.

1880–82   Besuch der Bildhauerklasse der Kunst- und Gewerbeschule in Breslau. 1882 Abgang von der Kunstschule mit dem Zeugnis der mittleren Reife.

1883/84   Als Bildhauer in Rom. Die Erfolgserwartungen erfüllen sich jedoch nicht. Hauptmann kehrt nach Deutschland zurück.

1885   Eheschließung mit Marie Thienemann. „Promethidenlos. Eine Dichtung." erscheint.

1887   Hauptmann lebt in Erkner bei Berlin. Er lernt die naturalistische Bewegung im Berliner Verein „Durch" kennen. Die Erzählungen „Fasching" und „Bahnwärter Thiel" sowie ein Band mit Gedichten erscheinen.

1889   Uraufführung des sozialen Dramas „Vor Sonnenaufgang" an der „Freien Bühne" in Berlin.

1891   Reise ins schlesische Webergebiet. Aus den dort gesammelten Eindrücken entsteht das Sozialdrama „Die Weber", das 1893 uraufgeführt wird. In den neunziger Jahren und Anfang des 20. Jahrhunderts folgen zahlreiche Stücke Hauptmanns. Neben Stücken, die der naturalistischen Bewegung verpflichtet sind wie „Der Biberpelz" (1893), „Fuhrmann Henschel" (1898), „Der rote Hahn" (1901), „Rose Bernd" (1903) und „Die Ratten" (1911), entstehen auch Märchenstücke wie „Hanneles Himmelfahrt" (1893), „Die versunkene Glocke" (1896) und „Und Pippa tanzt" (1906).

Zeittafel

1901	Hauptmann zieht in das Haus Wiesenstein im schlesischen Agnetendorf.
1904	Scheidung von Marie Thiememann und Heirat mit Margarete Marschalk.
1912	Hauptmann erhält den Nobelpreis für Literatur.
1924	Der Roman „Die Insel der Großen Mutter" wird veröffentlicht. Auch in den zwanziger Jahren werden regelmäßig Stücke Hauptmanns an allen bedeutenden Bühnen Deutschlands aufgeführt, die heute aber zumeist vergessen sind.
1932	Das Stück „Vor Sonnenuntergang", mit dem Hauptmann wieder ein soziales Drama vorlegt, wird uraufgeführt.
1933	Mit dem Anbruch des Dritten Reiches hält Hauptmann seine Zeit für beendet. Seine Haltung den Nationalsozialisten gegenüber ist von Unentschiedenheit geprägt. Innerlich lehnt er sie ab, nimmt aber Ehrungen wie etwa die zu seinem 80. Geburtstag entgegen.
1940–44	In diesen Jahren entsteht Hauptmanns großes Alterswerk, eine Atriden-Tetralogie („Iphigenie in Delphi", „Iphigenie in Aulis", „Agamemnons Tod" und „Elektra").
1942	Zu Hauptmanns achtzigstem Geburtstag erscheinen seine „Gesammelten Werke in der Ausgabe letzter Hand" in 17 Bänden.
1946	Am 6. Juni 1946 stirbt Hauptmann in Agnetendorf. Beigesetzt wird er auf dem Friedhof von Kloster auf der Insel Hiddensee, die er seit 1885 immer wieder besucht und sehr geliebt hatte.

Inhaltsverzeichnis

I	**Zugänge**	108
1	Das Rattenhaus	108
2	Arno Holz: Im Keller nistete die Ratte	108
3	Dieter und Ruth Glatzer: Das Vorbild für das „Rattenhaus"	109
4	Heinrich Zille: Hausdurchgang	110
5	Eine Fantasie-Reise ins Innere des „Rattenhauses"	111
II	**Entstehung des Stückes**	112
1	Berliner Lokalanzeiger vom 13. 2. 1907	112
2	Aus dem Tagebuch Gerhart Hauptmanns 1907	113
3	Aus dem Tagebuch Gerhart Hauptmanns 1910	114
III	**Autor und Werk**	116
1	Theodor Fontane: Über Gerhart Hauptmann	116
2	Berliner Tageblatt: Zur Premiere von G. Hauptmanns „Die Ratten"	118
3	Gerhart Hauptmann: Dramaturgie	119
4	Die „Freie Bühne" in Berlin	121
5	Helmut Scheuer: Der „Konsequente Naturalismus"	121
IV	**Frauenbilder – Männerbilder im Drama**	124
1	Dienstmädchen um 1900	124
2	Dienstmädchenball	125
3	August Bebel: Dienstmädchen	125
4	Nivea-Werbeanzeige 1913	126
5	Elisabeth Badinter: Mutterliebe	127
6	Sibylle Wirsing: Ein Milieu-Krüppel	129
V	**Spiel im Spiel – Hassenreuter und Spitta**	132
1	Johann Wolfgang von Goethe: Zum Shakespeare-Tag	132
2	Johann Wolfgang von Goethe: Regeln für Schauspieler	134
3	Gotthold Ephraim Lessing: Hamburgische Dramaturgie	135
4	Gustav Freytag: Die Technik des Dramas	136

VI „Die Ratten" als naturalistisches Drama ... 138
1 Günter Mahal: Sprache im naturalistischen Drama ... 138
2 Werner Keller: Der Raum im naturalistischen Drama ... 140
3 Karl S. Guthke: Die Funktion der Tragikomödie ... 142
4 Hans Joachim Schrimpf: Das Rattensymbol ... 143

VII Berliner Kontexte um 1900 ... 144
1 Ein Armenarzt berichtet ... 144
2 Annemarie Lange: Bismarcks Dilemma ... 146
3 Bismarck ohne Maske ... 147

VIII Literarische Kontexte ... 148
1 1. Buch der Könige, 3,16–28: Salomos Urteil ... 148
2 Bertolt Brecht: Der kaukasische Kreidekreis, 6. Bild (Auszug) ... 149

IX Die „Ratten" auf der Bühne ... 152
1 Siegfried Jacobsohn: Uraufführungskritik 1911 ... 152
2 Robin Detje: G. Hauptmanns „Ratten" in der Regie von Armin Petras ... 154
3 Drei Frauen ... 155

Zeittafel ... 156
Inhaltsverzeichnis ... 158
Text- und Bildquellenverzeichnis ... 160

Textquellenverzeichnis

S. 108: Arno Holz, „Im Keller nistete die Ratte", zitiert nach: Jürgen Schulte (Hrsg.), Lyrik des Naturalismus, Stuttgart: Reclam Verlag 1982, S. 82f. **S. 109:** Glatzer, „Das Vorbild für das ‚Rattenhaus'", in: Dieter und Ruth Glatzer, Berliner Leben 1900–1914. Eine historische Reportage aus Erinnerungen und Berichten. (Ost)Berlin: Rütten und Loening 1986, S. 86. **S. 111:** „Fantasie-Reise", © Wolfgang Pasche. **S. 112:** Zeitungstext, in: Berliner Lokal-Anzeiger, Nr. 79, 13. Februar 1907, zitiert nach: Gerhart Hauptmann, Die Ratten. Erläuterungen und Dokumente, Stuttgart, Reclam Verlag 1990, S. 63f. **S. 113:** Tagebuch Hauptmanns 1907, in: Rudolf Ziesche, Mutter John und ihre Kinder, Zur Vor- und Textgeschichte der „Ratten", in: Peter Sprengel/Philip Mellen (Hrsg.), Hauptmann-Forschung, Neue Beiträge, Frankfurt/Bern/New York: Lang Verlag 1986, S. 225f. **S. 114f:** Tagebuch Hauptmanns 1910 in: Gerhart Hauptmann, Tagebücher 1906–1913, Berlin: Ullstein Verlage 1994, S. 258ff. **S. 116:** Theodor Fontane, „Hauptmann", in Theodor Fontane, Werke in zwei Bänden, Bd. 1, Stuttgart: Bergland Verlag 1968, S. 741. **S. 118:** „Zur Premiere der ‚Ratten'", in: Berliner Tageblatt und Handelszeitung, Nr. 25, 14. Januar 1911, zitiert nach: Gerhart Hauptmann, Die Ratten. Erläuterungen und Dokumente, Stuttgart, Reclam Verlag 1990, S. 86. **S. 119f.** Hauptmann, „Dramaturgie", in: Gerhart Hauptmann, Das gesammelte Werk, Bd. 17, Berlin 1943, zitiert nach: Theo Meyer (Hrsg.), Theorie des Naturalismus, Stuttgart: Reclam Verlag 1973, S. 285 ff. © Ullstein Verlage Berlin. **S. 121:** Scheuer, „Der ‚Konsequente Naturalismus'", in: Helmut Scheuer, Der deutsche Naturalismus, aus: Klaus von See (Hrsg.), Neues Handbuch der Literaturwissenschaft, Bd. 18, Wiesbaden: Aula Verlag 1976, S. 169–184. **S. 124:** „Gesinde-Vermietungs-Kontor", in: Sigrid und Wolfgang Jacobeit: Alltagsgeschichte des deutschen Volkes, Köln: Pahl Rugenstein Verlag 1987. **S. 125:** Bebel, „Dienstmädchen", in: August Bebel, Die Frau und der Sozialismus, Hannover: Dietz Verlag 1974, S. 166. **S. 127ff.:** Badinter, „Mutterliebe", in: Elisabeth Badinter, Die Mutterliebe. Geschichte eines Gefühls vom 17. Jahrhundert bis heute, München: Piper Verlag 1981, S. 286f. **S. 129f.:** Wirsing, „Milieu-Krüppel", in: Sibylle Wirsing: Ein Milieu-Krüppel, aus: Theater heute, Sonderheft 1978, Berlin: Friedrich Verlag 1978, S. 13f. **S. 132f.:** Goethe, „Shakespeare-Tag", in: Johann Wolfgang von Goethe, Goethes Werke in 14 Bänden, hrsg. von Erich Trunz, Bd. 12, München: C.H. Beck Verlag 1981, S. 224ff. **S. 134:** Goethe, „Regeln für Schauspieler", in: Eduard Scharrer-Sauten, Die Weimarsche Dramaturgie, Leipzig 1927. **S. 135:** Lessing, „Hamburgische Dramaturgie", in: Gotthold Ephraim Lessing, Gesammelte Werke in zehn Bänden, hrsg. von Paul Rilla, Bd. 6, (Ost)Berlin/Weimar: Aufbau Verlag 1968, S. 349. **S. 136f.:** Freytag, „Techik des Dramas", in: Gustav Freytag, Die Technik des Dramas, Leipzig 1863, zitiert nach: Gustav Freytag, Die Technik des Dramas, Darmstadt: Wissenschaftliche Buchgesellschaft 1965, S. 20–76. **S. 138f.:** Mahal, „Sprache im naturalistischen Drama", in: Günter Mahal: Naturalismus, München: Fink Verlag 1975, S. 95ff. **S. 140f.:** Keller, „Der Raum im naturalistischen Drama", in: Werner Keller (Hrsg.), Beiträge zur Poetik des Dramas, Darmstadt: Wissenschaftliche Buchgesellschaft 1976, S. 31ff. **S. 142:** Guthke, „Tragikomödie", in: Karl S. Guthke, Geschichte und Poetik der deutschen Tragikomödie, Göttingen: Vandenhoeck & Ruprecht 1961, S. 260ff. **S. 143:** Schrimpf, „Das Rattensymbol", in: Hans Joachim Schrimpf, Struktur und Metaphysik des sozialen Schauspiels bei Gerhart Hauptmann, in: ders.: Literatur und Gesellschaft vom neunzehnten ins zwanzigste Jahrhundert, Bonn: Bouvier Verlag 1963, S. 282f. **S. 144:** „Ein Armenarzt berichtet", in: Gerhard A. Ritter/Jürgen Kocka, Deutsche Sozialgeschichte, Dokumente und Skizzen, Bd. II, München: C.H. Beck Verlag 1974, S. 248f. **S. 146:** Lange, „Bismarcks Dilemma", in: Annemarie Lange, Berlin zur Zeit Bebels und Bismarcks, Berlin; Dietz Verlag 1984, S. 394f. **S. 148:** „Salomons Urteil", in: Die Bibel oder die ganze Heilige Schrift des Alten und Neuen Testaments (Luther-Übersetzung). Privilegierte Württ. Bibelanstalt o. Jg. **S. 149f.:** Brecht, „Der kaukasische Kreidekreis", in: Bertolt Brecht, Werke in großen Bänden, Bd. 5, Frankfurt a.M.: Suhrkamp Verlag 1967, S. 2102f. **S. 152f.:** Jacobsohn, „Uraufführungskritik", in: Die Schaubühne, Nr. 3, 19. Januar 1911, zitiert nach: Gerhart Hauptmann, Die Ratten. Erläuterungen und Dokumente, Stuttgart: Reclam Verlag 1990, S. 94f. **S. 154:** Detje, „Hauptmanns ‚Ratten'", in: Robin Detje, Agenda Hauptmann 2004, aus: Theater heute, Nr. 5, 2004, S. 13.

Bildquellenverzeichnis

Umschlag/S. 107: Die Ratten, Berliner Tragikomödie von Gerhart Hauptmann, Theater Lübeck, Spielzeit 2006/07, Inszenierung: Axel Dietrich, Foto: Lutz Roeßler 2006. **S. 108:** BPK (SBB / F. Albert Schwartz), Berlin. **S. 110:** Berlinische Galerie, Berlin. **S. 117:** ullstein bild, Berlin. **S. 118:** ullstein bild, Berlin. **S. 121:** BPK, Berlin. **S. 124:** Süddeutscher Verlag (Buch H.J. / West-Foto), München. **S. 125:** Münchner Stadtmuseum (Inv. Nr. 59/826). **S. 126:** Beiersdorf AG, Hamburg. **S. 131:** Cinetext (LB), Frankfurt. **S. 145:** Interfoto, München. **S. 147:** Interfoto, München. **S. 155:** Wuppertaler Bühnen (Michael Hörnschemeyer), Wuppertal.

Nicht in allen Fällen war es uns möglich, den Rechteinhaber ausfindig zu machen. Berechtigte Ansprüche werden selbstverständlich im Rahmen der üblichen Vereinbarungen abgegolten.